Phillis Fermer Susanne Küppers Rüdiger Ramme

Gartenzeit

mit Rüdiger Ramme

Nützliches und
Wissenswertes
für alle Garten- und
Pflanzenfreunde

J.P. BACHEM VERLAG

Bibliografische Information Der Deutschen Bibliothek
Die Deutsche Bibliothek verzeichnet diese Publikation in der Deutschen Nationalbibliografie; detaillierte bibliografische Daten sind im Internet über **http://dnb.ddb.de** abrufbar.

1. Auflage 2004

Projektkoordination und Lektorat: Frauke Severit, Köln
Umschlag, Satz und Innenlayout: Barbara Meisner, Düsseldorf
Reproduktionen: Reprowerkstatt Wargalla, Köln
Druck: Druckerei J. P. Bachem Verlag GmbH & Co. KG, Köln
Printed in Germany
ISBN 3-7616-1850-6

www.bachem-verlag.de

Inhalt

Vorwort Ihrer Lokalzeit aus Köln

Ob im Garten, auf der Terrasse, dem Balkon oder im Wohnzimmer – an Pflanzen, Blumen und Grün haben alle Freude. Kein Wunder also, dass die nützlichen Tipps und Anregungen von Rüdiger Ramme bei den Zuschauern der „Lokalzeit aus Köln" so beliebt sind. Ramme vermittelt klar, verständlich und unterhaltsam, worauf es beim Umgang mit Pflanzen ankommt. Und seine Kompetenz, Leidenschaft und Begeisterung für alles rund um den Garten sind ihm deutlich anzumerken und haben schon so machen Zuschauer angesteckt.

Für die Redaktion der „Lokalzeit aus Köln" ist es wichtig, dem Publikum neben aktuellen Informationen auch viel Service zu bieten. Da darf die Rubrik Garten natürlich nicht fehlen. Denn wer erfreut sich nicht gern an schönen Bildern von blühenden Blumen, saftigem Grün und prächtigen Beeten, im eigenen Zuhause, wie auch auf dem Bildschirm? Schöne Bilder, die wir in der Lokalzeit unseren Zuschauern gern zeigen.

Hier offenbart sich auch eine weitere Stärke des Fernsehens: Bewegte Bilder und eine kurzweilige Präsentation regen an und machen Lust auf mehr. Deswegen gibt die Lokalzeit prägnante Tipps, die beim Zuschauer Interesse wecken, vielleicht auch mal selber zuzupacken. Wer will, kann sich dann über das Internet detaillierte Informationen holen oder einfach noch mal alles nachlesen. Und jetzt natürlich auch mit dem Buch zur Serie. Die Philosophie bleibt dabei die gleiche wie im TV: praktische Informationen, leicht vermittelt, einfach nachzumachen.

Viel Spaß also beim Gärtnern und bis demnächst, in Ihrer „Lokalzeit aus Köln" – natürlich auch weiter jeden Freitag mit den Gartentipps von Rüdiger Ramme,

Jürgen Kleikamp, Studioleiter Köln, WDR Fernsehen

Hallo liebe Pflanzenfreundinnen und Pflanzenfreunde,

Seien Sie gegrüßt zur Gartenzeit, nehmen Sie sich Zeit für den Garten, ein wenig Zeit für dieses Buch, und blättern Sie gemeinsam mit mir durch 24 ganz unterschiedliche Kapitel. Gartenzeit ist nicht nur im Frühjahr und Sommer, sondern eigentlich das ganze Jahr über. Planen, Vorbereiten, Pflanzen, Pflegen etc. – all das gehört zu den Aufgaben des Gärtners, Hobbyzüchters und all jener, die gerade anfangen, in ihrem Balkon mehr als den Platz für den Wäscheständer zu entdecken.

Passend zu unserer Serie **GARTENZEIT** in der **WDR Lokalzeit Köln**, möchte ich Ihnen auch mit diesem Begleitbuch einfach und verständlich ausgewählte Gartenthemen erklären und Pflanztipps geben.

Was sind z. B. Englische Rosen? Kann ich auch auf meiner Terrasse Obst pflanzen und ernten? Was setze ich wirkungsvoll gegen Schnecken ein? Wie bekommt meine Terrasse ein mediterranes Flair? Was muss man bei Kräutern beachten? Bei so vielen Themen helfen schon kleine Tipps und Regeln, und Ihr Pflanzergebnis wird sich deutlich verbessern. Versprochen!

Woher ich das alles weiß? Na ja, eigentlich bin ich weder Buchautor, noch Fernsehmensch, sondern Gärtner und Agrar-Ingenieur und beides aus Leidenschaft.

Meine Eltern und ich, im zarten Alter von acht Jahren.

Nach meinem Studium habe ich unseren heimischen Gartenbaubetrieb in Lohmar übernommen. Ein Traditionsbetrieb schon seit vielen Generationen. Vor fünf Jahren habe ich dann neben der bestehenden Gärtnerei mit Blumengeschäft das Gartencenter *Rammes Grünland* eröffnet. Mein Leben besteht also rundum aus Grünem!

Meine Lieblingspflanze ist die Zitrone, denn, Sie wissen ja, sauer macht lustig! Morgens, wenn die meisten noch von Blumenwiesen träumen, bin ich schon hellwach. Ich fahre zum Blumenmarkt, um frische Ware einzukaufen. Manchmal möchte ich auch lieber etwas länger schlafen, besonders im Winter, aber wenn ich einmal auf dem Kölner Blumengroßmarkt stehe, dann weiß ich, warum. Schon als Kind habe ich meinen Vater gerne dorthin begleitet. Ich freue mich, die Kollegen zu sehen, und es ist so bunt, so blühend dort. Ich liebe diese Atmosphäre.

Mit zehn Jahren wollte ich schon Gärtner werden.

Ich besuche Fachmessen in ganz Deutschland und Europa und bin gerade im Ausland immer auf der Suche nach außergewöhnlichen Pflanzen. Zwei Wochen gönnt mir meine Frau dafür immer, um die Blumen- und Gartentrends persönlich anzuschauen. „Gönnt mir" ist gut, es macht ihr selbst auch Spaß, wenn sie mich begleiten kann.

Wie sagte Hermann Hesse so schön: „Langeweile ist etwas, was die Natur nicht kennt. Sie ist eine Erfindung der Städter." Deshalb ist mir auch nie langweilig, draußen, auf dem Balkon, der Terrasse, immer gibt es etwas zu tun, immer gibt es etwas zu entdecken oder zu beobachten.

Es ist großartig, und ich schätze mich wirklich glücklich, dass ich meine Leidenschaft zum Beruf machen konnte. Und nun möchte ich Sie mit meiner Begeisterung anstecken. Blättern Sie sich durch Grün, Blüten, Gestaltung und Pflege; durch Obst, Kräuter und wunderschöne Blumen! Wagen Sie sich an Ihren Balkon, Ihre Fensterbank, Ihren Garten oder Ihre Terrasse – Gärtnern ist kinderleicht, wenn man zu jedem Thema ein paar Grundregeln beherzigt.

Jetzt aber erst mal viel Spaß beim Lesen, und ein erfolgreiches Gartenjahr wünsche ich Ihnen
Ihr Rüdiger Ramme

Kamelien

Eine Kamelie in ihrer vollen Blüte.

Kamelien – lateinisch Camellia japonica – sind ganz besondere und edle Pflanzen, die ihre Heimat in China, Japan, Korea, Vietnam und Kalifornien haben und am liebsten in bewaldeten Höhenlagen von Küstenregionen wachsen. Besonders die hohe Luftfeuchtigkeit, lässt sie dort ideal gedeihen. Insgesamt gibt es fast **20 000 verschiedene Sorten**. Die Legende sagt, dass man Kamelien eigentlich aufgrund eines Missverständnisses nach Europa brachte. Die Kamelie ähnelt nämlich sehr der Teepflanze. Und so passierte es einigen Händlern, dass sie statt Teepflanzen Kamelien hierher brachten. Darüber kann man sich heute nur freuen.

Bei uns in Deutschland erfährt die Kamelie seit Mitte der neunziger Jahre eine Renaissance. Und wer selbst eine solche Pflanze besitzt, der weiß, wie wunderschön und üppig sie in den verschiedensten Farben blüht. Die Ähnlichkeit mit Rosen ist wirklich verblüffend, aber die Blütenform ist auch schon das Einzige, was Kamelien und Rosen gemeinsam haben. Bereits die Zeiten der Blüte sind ganz andere: Von März bis Anfang Mai ist die Blütezeit der frühlingsblühenden Kamelien – dann fangen die Rosen ja erst an –, und wenn die Rosenzeit dann vorbei ist, beginnt die Blüte der Herbst-Kamelien.

Die **frühlingsblühenden Sorten**, die sich auch in unserem Klima wohl fühlen und wunderschön blühen, sind vor allem diese: Elegans, Fuji und Debbe.

Die **herbstblühenden Sorten**, die sich für unsere rheinischen Gärten eignen, gehören zur Art Camellia sasanqua. Diese blühen von September bis Dezember, haben kleinere Blüten als die Frühlingsblüher, duften dafür aber intensiver. Sie gelten gemeinhin auch als robuster.

Kamelien sind **immergrüne Pflanzen**, die keine Wachstumsgrenze haben. Im Pillnitzer Schlosspark in Dresden steht Deutschlands **ältestes Kamelie**, sie ist 200 Jahre alt und inzwischen ein stattlicher Baum von 9 Metern Höhe!!! Mit dem Alter werden sie immer schöner, sie wachsen sehr langsam, brauchen kaum gedüngt zu werden und benötigen – anders als die Rosen – keinen Schnitt.

Klingt ganz so, als ob die Kamelie eine völlig problemlose Pflanze wäre. Aber das stimmt leider nicht! Eher ist wohl das Gegenteil der Fall: Kamelien sind **empfindliche Seelchen**, die schon so etwas wie einen grünen Daumen benötigen. Der **richtige Standort** und die **richtigen Temperaturen** sind überlebenswichtig für diese exotischen und auch teuren Pflanzen.

So zart wie die Blüte, so empfindlich sind die Kamelien, hier die Akebono.

Am besten gedeihen Kamelien in Deutschland ausgepflanzt in **Gewächshäusern**. Aber wer hat so was schon? Einige Sorten – wenn sie schon etwas größer sind, etwa vier Jahre alt – fühlen sich aber auch ausgepflanzt im **Garten** sehr wohl und können sogar **im Kübel auf der Terrasse** stehen. Vorausgesetzt sie stehen an der richtigen Stelle – **halbschattig ist ideal** –, werden immer feucht gehalten und richtig überwintert. Zu viel Sonne und vor allem Wind mögen diese Pflanzen nämlich gar nicht, und im Winter – nach einer kalten Nacht – können sie **keine Morgensonne** vertragen.

Sandiger Lehmboden ist ideal, dazu immer etwas Rhododendron-Erde oder spezielle Kamelien-Erde geben und beim Einpflanzen darauf achten, dass die oberen Wurzeln noch atmen können. Achten Sie auch darauf, dass Sie mit weichem Wasser – also am besten Regenwasser – gießen. Gedüngt werden sollten Kamelien ebenfalls mit einem speziellen Rhododendron- oder Kamelien-Dünger, denn dieser sorgt dafür, dass der Boden sauer bleibt, und das mögen die Kamelien. Vor dem Kauf sollten Sie sich auf jeden Fall von einem Gärtner, der mit Kamelien Erfahrung hat, beraten lassen.

Der **richtige Zeitpunkt**, um eine Kamelie nach draußen zu pflanzen, ist das Frühjahr. Warten Sie am besten, bis die Pflanze verblüht ist, bei den Frühlingsblühern ist das etwa im **April/Mai** der Fall. Keinesfalls sollten Sie eine Kamelie im Winter oder im zeitigen Frühjahr in den Garten pflanzen. Haben Sie eine Kamelie in der kalten Jahreszeit geschenkt bekommen – das ist typisch, denn im Spätwinter gibt es viele Kamelienausstellungen –, überwintern Sie die Pflanze im Kübel draußen in einer windgeschützten Ecke. Bei Frost sollten Sie die junge Pflanze dann reinholen und in einen kühlen, hellen, frostfreien und gut belüfteten Raum stellen.

Kamelien haben keine Wachstumsgrenze und werden sogar größer als ich selbst.

Schwierig haben es Kamelien heutzutage allerdings als Zimmerpflanzen – **Achtung**: Oft werden sie als solche verkauft oder verschenkt!! Sobald Kamelien im Winter warm gestellt werden, gehen sie innerhalb kürzester Zeit kaputt. Wollen Sie eine Kamelie aber in ein kühles Schlafzimmer, einen unbeheizten Hausflur oder gar einen kühlen Wintergarten stellen, fühlt sich die Pflanze auch drinnen wohl. Früher zu Großmutters Zeiten, da wurde die gute Stube ja nur zu Weihnachten geheizt und war nur deshalb ein ideales Quartier für eine Kamelie. Kamelien brauchen zur Blütenbildung **einen hellen, warmen Standort im Sommer** und **im Winter** für die Blütenqualität einen **kühlen, frostfreien Standort unter 10 Grad**. Aber zu kalt darf es wiederum auch nicht werden. Die Winterhärte ist deshalb das wohl am meisten diskutierte Thema unter Kamelienfreunden. Bei etwa 100 Sorten wurden in den letzten Jahren in unserer Gegend damit Erfahrungen gemacht, und die alte Sorte „Elegans“ hat sich dabei als robusteste Kamelie entpuppt, die auch Schnee und Eis trotzt.

Fest steht: Bei langen Frostperioden unter minus 5 Grad wird es aber kritisch. Das hält manchen vom Kauf einer Kamelie ab, schließlich ist sie nicht gerade preiswert und reinholen kann man sie ja auch schlecht. Lassen Sie sich trotzdem nicht abschrecken – die tolle und mächtige Blüte dieser Pflanze

Die rote A. Auduson und die rotweiße Coletti mögen es halbschattig.

TIPPS

So haben Sie lange Freude an Ihrer Kamelle:

- ✔ Fragen Sie vor dem Kauf einer Kamelie immer einen Gärtner, der Erfahrung mit diesen edlen Pflanzen hat.
- ✔ Ein heller, warmer Standort im Halbschatten ist wichtig im Sommer.
- ✔ Ein kühler frostfreier Standort unter 10 Grad ist nötig im Winter.
- ✔ Schützen Sie die Pflanze immer vor Wind und Trockenheit.
- ✔ Als Zimmerpflanze ist die Kamelie eher ungeeignet.
- ✔ Bei Frost sollten Sie die Wurzeln von Pflanzen im Garten abdecken und ein Zelt aus Fichtenzweigen um die Kamelie stellen.
- ✔ Bei Kübelpflanzen sollten Sie eine Kokosmatte um den Topf schlagen und ihn in eine windgeschützte Ecke stellen.
- ✔ Zum Auspflanzen in den Garten eigenen sich nur größere Pflanzen, die mindestens vier Jahre alt sind.

wird Sie für den Aufwand, die sie Ihnen vielleicht vor dem Winter macht, ganz sicher entschädigen. Und gerade in klimatisch günstigen Gegenden wie dem Rheingraben oder dem Ruhrgebiet haben die Kamelien auch bei starkem Frost die besten Chancen.

Auf jeden Fall aber sollten Sie bei Kübelpflanzen den Topf mit Kokosmatten verpacken und ihn in eine geschützte Ecke stellen, damit die Wurzeln **keinen Frostschaden** bekommen. Bei Kamelien im Garten sollten Sie die Wurzelscheibe mit Rindenmulch oder Laub bedecken und um die Pflanze herum ein Zelt aus Fichtenzweigen schnüren. Das dauert wirklich nicht lange, und so haben Sie die Pflanze für den frostigen Winter gut geschützt.

Camellia sasanqua „Cleopatra“ vor Blütenöffnung

Hanging Baskets

Schon mal von den „hängenden Körben" gehört? Das ist sozusagen die **britische Variante unserer beliebten Blumenampeln**, und nicht nur dort in England liegen sie derzeit voll im Trend. Ein bunter Mix von Blüten und Blättern, der in luftiger Höhe baumelt und die Blicke auf sich zieht.

üppiger Blütenzauber

Der Unterschied zur herkömmlichen Blumenampel: Die „Hanging Baskets" werden häufig nicht nur von oben, sondern auch **seitlich bepflanzt** und wirken daher umso üppiger. Außerdem kombiniert man in der Regel verschiedene Pflanzen geschickt miteinander. Solche, die gerne kaskadenmäßig nach unten wachsen und solche, die mit ihrem Wuchs nach oben streben. Hanging Baskets sind ein eindrucksvoller Blickfang für Hauseingänge ebenso wie für Balkone und Terrassen. Auch in einen Baum gehängt oder vor einem Fenster sehen sie toll aus. Und farbenfrohe Bepflanzungsmöglichkeiten gibt es unendlich viele.

Das Gefäß für die hängende Blütenpracht ist **ein Drahtkorb** mit einem Durchmesser von 30 Zentimetern. Damit Erde und Wurzelballen nicht durch die Maschen hindurch fallen, kleidet man den Korb mit **trockenem Sphagnum-Moos** oder mit bereits **fertigen**

Einsätzen aus Kokosfasern, Pappe oder Wollfilz aus. Vorgestanzte Löcher bei den fertigen Einsätzen machen das seitliche Bepflanzen leichter. Alle nötigen Materialien finden Sie im Fachhandel.

Nun kann man die Hanging Baskets natürlich nur mit einer einzigen Pflanzenart gestalten, so wie man es gewöhnlich auch mit der Blumenampel macht. Schöner aber wird es, wenn man in diesen Körben verschiedene Pflanzen miteinander kombiniert.

Für **den Mittelpunkt** – also die Oberseite – des hängenden Korbes sind aufrecht wachsende Pflanzen geeignet wie Geranien, Margeriten, Vanilleblume, Wandelröschen oder Fleißiges Lieschen. **Die Ränder** und **Seiten** des Korbes sollten dann mit überhängenden Pflanzen gestaltet werden wie zum Beispiel Kapuzinerkresse, Gundermann, Lakritzkraut, Hängefuchsien, Hängeverbenen, Blauer Mauritius oder Elfensporn. Je üppiger der Wuchs ist, desto weiter sollten die Pflanzen auseinander gesetzt werden. So entstehen kleine Lücken, in die wiederum kleine Polsterpflanzen wie Männertreu, Zierklee oder Duftsteinrich wunderbar hineinpassen.

Hier zwei meiner Lieblingskombinationen für Hanging Baskets: Sehr schön ergänzen sich die Vanilleblume mit Hängepetunien und Lakritzkraut. Und wenn in den Lücken dann Blaues Gänseblümchen und Hängelobelien sitzen, ist der Hanging Basket perfekt aufgebaut. Auch die Kombination Vanilleblume, Hängeverbene „Tapien“, violetter Elfenspiegel

Ich mag die Hanging Baskets auf der Terrasse.

und hängender Rosmarin wirkt harmonisch und fantasievoll.

Und das sollten Sie bei der Pflege Ihres Hängekorbes beachten, wenn Sie lange Freude an ihm haben wollen: Ganz wichtig ist zunächst, dass Sie für einen Hanging Basket **gute Erde** verwenden. Das heißt, Erde, die das Wasser lange halten kann. Auch eine ausreichende Düngung, am besten mit **Langzeitdünger**, ist unbedingt erforderlich.

Bepflanzen Sie Ihren Basket oben und seitlich, dann wird aus Ihrem Balkon ein Blütenzimmer.

Schließlich wachsen auf relativ kleiner Fläche gleich mehrere Pflanzen, und durch die luftigen Seiten verdunstet auch noch mehr Wasser. Da ist der Wasser- und Nährstoffbedarf natürlich hoch. Gießen müssen Sie behutsam, damit das Wasser nicht durchrinnt. Und gießen Sie häufig, aber nur geringe Mengen. Der Korb sollte außerdem an einem hellen Platz hängen. Vermeiden Sie aber, dass er allzu viel pralle Mittagssonne und Zugluft abbekommt. Dann werden Sie garantiert bis zum Ende des Sommers eine große Blütenpracht genießen können. Und im Herbst können Sie Ihren Hanging Basket dann wieder neu mit den entsprechenden Herbstblühern bepflanzen.

Folgende Pflanzen eignen sich für Blütenkaskaden in den Hanging Baskets besonders gut:

➡ **aufrechtwachsende Pflanzen** für den Mittelpunkt sind: Fleißiges Lieschen, Fuchsie, Geranie, Strauchmargerite, großblumige Tagetes, Wandelröschen, Küchensalbei, Girlanden-Begonie, Gradiflora-Petunien, Kapaster, Vanilleblume;

TIPPS

Bepflanzen eines Hanging-Basket:

- ✔ den Drahtkorb auf einen Eimer stellen und im unteren Teil mit Sphagnum-Moos oder mit einem fertigen Einsatz aus Kokosfasern oder Wollfilz auslegen,
- ✔ hochwertige Blumenerde und Langzeitdünger in das Moos oder den Einsatz geben,
- ✔ zum Schutz eine Tüte über die Triebe der seitlichen Hängepflanzen ziehen,
- ✔ Tüte und Triebe nun vorsichtig durch die Maschen und gegebenenfalls die vorgestanzten Löcher des Einsatzes fädeln und den Erdballen seitlich auf die Erde legen,
- ✔ die Moosschicht nun bis zum oberen Rand hochziehen und mit Erde auffüllen, bei Kokos- oder Wollfilzeinsätzen einfach nur Erde auffüllen,
- ✔ jetzt die Oberseite mit aufrecht wachsenden Blumen bepflanzen, alles gut andrücken,
- ✔ vorsichtig angießen.

➡ für **die Korbränder und Seiten** sollten Sie diese Pflanzen verwenden: Elfenspiegel, Hängefuchsie, Hängelobelie, Hängeverbene, Schneeflockenblume, Aztekengold, Gelbes Gänseblümchen, Kapuzinerkresse, Elfensporn, Spanisches Gänseblümchen, Asarine, Blaue Mauritius, Fächerblume, Teppichglockenblume;

➡ und für die **Zwischenräume** passen: Duftsteinrich, Männertreu, Currykraut, Schmalblättrige Zinnie, Dukatentaler.

Kombinieren Sie nach Lust und Geschmack: hier Geranien, Duftgeranien, Verbenen und Yasminsolanum.

Zwiebeln und Knollen für Garten und Balkon

Das Schöne mit diesen Blumen ist doch immer wieder ihr Überraschungseffekt. Man steckt sie, je nachdem ob sie Frühjahrs- oder Sommerblüher sind, schon im Herbst oder frühzeitig im Frühling einfach als Zwiebeln oder Knolle in die Erde, kann sie dann erst mal vergessen, und einige Monate später tauchen sie plötzlich und farbenfroh aus der Erde hervor. Die Rede ist von Tulpen, Narzissen, Schneeglöckchen und Krokussen, die uns den Frühling ankündigen und auch von Dahlien, Gladiolen und Lilien, die dann im Sommer üppig aufblühen. Bei geschickter Auswahl kann man sich das ganze Jahr über an blühenden Blumenzwiebeln oder -knollen im Garten oder auf der Terrasse und dem Balkon erfreuen und das gleich viele Jahre lang.

So ganz eindeutig ist der Unterschied zwischen Blumenzwiebeln und -knollen übrigens nicht zu erklären. **Blumenzwiebeln:**

Dazu zählen typischerweise Tulpen, Schneeglöckchen, Lilien, Hyazinthen und Narzissen. Zu den **Knollen** zählt man Dahlien, Krokusse und Gladiolen. Per Definitionem ist die Zwiebel ein unterirdischer, gestauchter, selbstständiger Spross, der schon alle Einzelteile – Blüte, Stiele, Knospen, Blüten und Samenanlagen – enthält. Die Knolle ist dagegen ein zwei- oder mehrjähriges reines Speicherorgan, das mehrere Triebknospen ausbildet und in Form und Größe schwankt.

Wenn Sie die unter ➡ **Tipps** aufgeführten Pflanzzeiten der verschiedenen Sorten beachten, sollten Sie später viel Freude mit Ihren Blumen haben. Denn ansonsten sind Zwiebeln und Knollen eigentlich anspruchslos und gedeihen in jedem Boden, der locker ist und Wasser durchlässt. Die Pflanzen werden etwa 5 bis 8 Zentimeter tief in die Erde gesteckt, und die Spitze zeigt dabei nach oben.

Im Garten eignen sich Laubgehölze, Bäume, Sträucher und Stauden gut als Nachbarn für Blumenzwiebeln. Auch einen langweiligen Rasen können Krokusse beispielsweise enorm verschönern. Narzissen blühen wie Krokusse an Plätzen, an denen die Sonne nicht scheint.

links und rechts: Sie sollten Frühlingszwiebeln nur in frostharte Töpfe mit Wasserablauf pflanzen.

Im Balkonkasten oder im Terrassenkübel können die Zwiebeln einfach neben den anderen Pflanzen eingesetzt werden, auch in diesem Fall sollten sie 5 bis 8 Zentimeter tief in die Erde gesteckt werden, mit der Spitze nach oben. Achtung: Wenn die Blütezeit vorbei ist, das Laub und die Blüten solange stehen lassen, bis sie völlig vergilbt sind, erst dann das Verwelkte wegschneiden, sonst fehlt im nächsten Jahr die Kraft für eine neue Blüte.

Ein so schön bepflanzter Balkonkasten macht doch richtig Lust auf Frühling!

Wichtig zu wissen ist auch, welche Zwiebel und welche Knolle im Winter draußen in der Erde bleiben kann, welche umgepflanzt werden sollte und welche im kühlen Keller oder der Garage überwintert werden muss. Die allermeisten können allerdings draußen überwintern. Fragen Sie im Zweifel bei einem Gärtner nach, oder schauen Sie auf die Informationen auf der Verpackung.

Winterharte Zwiebeln und **Knollen** sind Steppenkerzen, Alpenveilchen, Anemonen, Winterlinge, Ranunkeln, Herbstzeitlose, Krokusse, Schneeglöckchen, Hyazinthen, Traubenhyazinthen. Die Kästen einfach in eine Ecke stellen, Erde mit Rindenmulch bedecken und bei Frost mit einer Plastikfolie zudecken.

Unbedingt aus der Erde herausholen muss man allerdings Dahlien und sollte dies auch bei Narzissen und Tulpen tun. Bei den Dahlien holt man im Oktober die verblühte Pflanze vorsichtig aus dem Boden, schüttelt die Erde ab, schneidet das Grün weg und lässt die Knolle trocknen. In einer luftdurchlässi-

TIPPS

Pflanzzeit:

- ✔ Zunächst einmal gilt beim Einkauf die Devise: Je größer die Zwiebel, umso schöner die Blüte.
- ✔ Die im Frühling blühenden Zwiebeln und Knollen müssen von September bis November in die Erde kommen. Die beste Pflanzzeit ist der Oktober für diese Sorten: Zierlauch, Anemonen, Krokus, Schneeglöckchen, Lilien, Hyazinthen, Narzissen, Blausternchen, Tulpen, Glücksklee.
- ✔ Die im Sommer blühenden Knollen und Zwiebeln sollten von März bis Mai gepflanzt werden. Das sind: Dahlien, Alpenveilchen, Knollenbegonien, Tierlilie, Schönhäutchen.
- ✔ Erst im August kommen dann die im Herbst blühenden Knollen und Zwiebeln in die Erde: Herbstzeitlose, Goldkrokus, Lilienschweif, Madonnenlilie.

gen Plastiktüte oder in einer Kiste kann man sie dann im Keller oder in der frostfreien Garage überwintern. Narzissen und Tulpen sollte man aus der Erde holen und umpflanzen, weil sie sich sonst zu stark vermehren und dann nicht mehr blühen können.

links: Eine farbenprächtige Terrasse dank Herbstzwiebeln

rechts: Blausterne, genügsamer und schöner Zwiebelblüher

Die mediterrane Terrasse

Das Einzige, was fehlt, ist das Rauschen des Meeres.

„Urlaub auf Balkonien", so scherzt man doch, wenn man die Ferien zu Hause verbringt. Doch Balkonien kann durchaus ganz unterschiedlich sein, wie die Urlaubsländer unserer Wahl. Wer sich in den nächsten „Ferien auf Balkonien" ins Mittelmeer träumen will, dem wollen wir in diesem Kapitel ein paar Anregungen zum Thema geben. Pflanzen lässt sich in unserem heimischen Garten, auf dem Balkon oder der Terrasse

nahezu alles, was wir rund ums Mittelmeer finden und im Urlaub so genießen. Es ist ein abwechslungsreicher und farbenfroher Pflanzenkosmos.
All die unter ➡ **Tipps** aufgeführten **mediterranen Pflanzen** fühlen sich im Kübel auch auf rheinischen Terrassen wohl, denn hier bei uns scheint, auch wenn wir oft daran zweifeln, genug Sonne. Natürlich sollten Sie bei der Auswahl und beim Pflanzen einige Regeln beachten. Sonne hin oder her, die wärmenden Strahlen müssen die Pflanzen auch erreichen. Mediterrane Pflanzen sind nicht für eine schattige Terrasse geeignet, der Südländer liebt die volle Hitze.

Bezüglich der Pflanzgefäße empfehlen wir **Terrakotta-Kübel**. Diese erweisen sich immer wieder als günstiger, als die aus Plastik. Sie sind schwerer und fallen bei Wind oder gar Sturm nicht so schnell um. Bei derartigen Wetterunfällen gehen Pflanzen schnell kaputt. Außerdem gibt es natürlich optische Gründe, die für Terrakotta sprechen. Besonders wenn man ein mediterranes Ambiente schaffen will, sollte man darauf achten. Denn in südlichen Ländern fasziniert uns auch ein Hauch von Alter und Verfall, was die Häuser und Gärten oft verwunschen aussehen lässt. Derartiges Flair erzielen Sie mit Ton sehr viel besser als mit Plastik. Natürlich spielt auch die Möbelauswahl dabei eine große Rolle.

Ob Sie es glauben oder nicht, es gehen mehr Blumen und Pflanzen in Gärten, auf Terrassen oder Balkonen ein, weil sie ertrinken und nicht, weil sie verdursten. Die Schäden sehen nur ähnlich aus, denn bei zu viel Wasser machen die Wurzeln schlapp und sind nicht mehr in der Lage, die Feuchtigkeit aufzusaugen. Kübel und Erde bleiben feucht, doch die Blätter vertrocknen, die Pflanze geht schließlich ein. Und der Hobbygärtner wundert sich dann oft, weil er doch wirklich ausreichend gegossen hat. Deshalb: **Achtung vor zu häufigem Gießen**.

Vor dem Einpflanzen sollten Sie ein paar **Tonscherben** oder **Kies** auf den Boden des Kübels geben. Das ist die einfachste Methode, eine so genannte Drainage zu legen, damit das Wasser immer gut abfließen kann. Wichtig ist auch die spezielle **Kübelpflanzen-Erde**. Diese Erde enthält zum einen die richtigen Nährstoffe, aber auch Substanzen wie Bimsstein. Bimsstein verhindert das Versumpfen der Erde, wenn es mal so richtig aus den „Kübeln von oben“ schüttet.

Ihr Gartenfachmann beantwortet gern jede Frage.

Weniger ist oft mehr, eine Lebensregel, die sich prima auch auf das Düngen übertragen lässt. Wenn Sie alle drei Monate einmal mit **Langzeit-Dünger** arbeiten, ist das für Ihre Mittelmeeroase absolut ausreichend. Egal für welchen Dünger Sie sich entscheiden, beachten Sie immer die Gebrauchsanweisungen, daran kann man sich halten.

Manchmal hingegen ist mehr dennoch mehr. Aber wohin mit all Ihren schönen Pflanzen, wenn Sie nur wenig Platz haben? **Üppig und viel** verbinden wir durchaus mit mediterranem Flair, deshalb nutzen Sie doch einfach gusseiserne **Etagèren**, die auf verschiedenen Ebenen Stellplatz bieten, eine breite Treppe oder ein Stapel Weinkisten erfüllt den gleichen Zweck. Selbst ein alter Stuhl, der längst auf den Sperrmüll gehört hätte, kann mit einer schönen mediterranen Pflanze zu ganz neuen Ehren gelangen. Seien Sie beim Aufstellen erfinderisch und unkompliziert, das sind die Südländer auch.

Neben der Üppigkeit spielen auch die **Farben** eine große Rolle. Kombinieren Sie richtig, und dosieren Sie die Farben. Hübsch und typisch sind Farben die miteinander harmonieren und oft ist es so, dass eine

TIPPS

Typische mediterrane Pflanzen:

✔üppig blühende Bougainvillen ✔Oleander ✔Oliven ✔Zitronen- oder Orangenpflanzen ✔Granatapfel ✔Lavendel ✔Rosmarin ✔Palmen, z. B. Chamerops exelsa ✔Schönmalve ✔Kreppmyrte ✔Zylinderputzer ✔Feige

Farbe deutlich dominiert. Mögen Sie z. B. Orange? Orange lässt sich sehr gut mit rot und gelb mischen. Orangeblühende ein- oder zweijährige Beet- und Balkonpflanzen sind etwa Begonien, Goldlack, Schlafmützchen, Gauklerblume, Elfenspiegel, Studentenblume, Kapuzinerkresse und Zinie. Nehmen Sie eine oder mehrere dieser Pflanzen als Haupt- oder Grundgewächs. Dazu passen dann sehr gut Kanarischer Fingerhut, mit Wandelröschen, mit Seidenpflanzen oder mit dem Marmeladenbusch. Diese Pflanzenkombinationen sind natürlich nur ein Farbvorschlag zur Farbe Orange. Jede andere Farbkombination funktioniert je nach Lust und Laune und vor allem nach Geschmack genauso gut. Aber probieren Sie es einmal: Pflanzen Sie nicht bunt gemischt, sondern in einem Farbton. Ein Fachmann in Ihrem Gartencenter berät Sie gerne hinsichtlich der Auswahl der Pflanzen in einem anderen Farbton.

Wenn der Sommer geht und der Herbst kommt, sollten Sie sich bereits überlegen, wie Ihre Pflanzen am besten **überwintern** können. Denn bis auf die Chamerops exelsa-Palme, die auch einige Tage Frost übersteht, brauchen die meisten anderen Pflanzen einen hellen und frostfreien Standort zum Überwintern. Nur so garantieren Sie sich selbst einen weiteren herrlichen Sommer mit mediterranem Flair direkt vor Ihrer Türe.

Pflanzen mal Ton in Ton, blau-weiß kombiniert

Plagegeister Schnecken

Schnecken gehören zu einem der **ältesten** und **artenreichsten Tierstämme** in der Entwicklungsgeschichte der Erde, zu den Weichtieren oder Mollusken. Allein in Europa kennen wir heute über 2000 verschiedene Arten von Landschnecken. Und sie sind nicht nur, das mal vorweg, ausschließlich hinterlistige Schleimer, sondern ihr Kot ist ein hochwertiger Dünger, und bei der Kompostierung sind sie große Helfer.

In einem kleinen Dorf in Norditalien, in Gombito, findet sogar jährlich ein traditionelles **Schneckenrennen** statt. 2003 traten 71 Weichtiere an und eines stellte den Schneckenweltrekord auf. In nur 7 Minuten und 30 Sekunden bewältigte die Gewinnerschnecke einen Meter. Noch nie zuvor ist ein Teilnehmer so schnell über die Ziellinie gekrochen. Eine lustige Anekdote am Rande.

Die Nacktschnecke – sieht so harmlos aus und kann doch zur Gärtnerplage werden.

Schneckenrennen im heimischen Garten findet der Gärtner schon weniger lustig. Auf dem Salatbeet können sie sich zur **Plage** entwickeln und den Gärtner an den Rand der Verzweiflung bringen. Um der Plage Herr zu werden, gibt es verschiedene Methoden, doch erst einmal einige Sätze zur Eigenart und Beschaffenheit des Schleimers. Dann versteht man die Bekämpfungsmethoden auch leichter.

Eine Schnecke besteht zu etwa 85 Prozent aus Wasser. Ihre Haut schützt sie aber nicht vor Verdunstung der Körperflüssigkeit, im

Gegenteil. Die Schnecke besteht aus Hautzellen, die sehr schnell Wasser abgeben. Das schleimige Weichtier kann ziemlich lange ohne feste Nahrung überleben, ohne Wasser stirbt es aber innerhalb kurzer Zeit. Ein feuchtes Zuhause steht deshalb in der Schnecken-Rangliste der „Lebensqualität" ganz oben, noch vor dem so verlockenden Kopfsalat im Garten. Schnecken sehen sehr schlecht. Sie können lediglich Hell-Dunkel-Kontraste wahrnehmen. Weit wichtiger ist für sie der **Geruchssinn**. Die Riechzellen sitzen vorwiegend in den Fühlern.

Immer wieder lehren Schnecken den Gärtner das Grauen und der sinnt oft auf Rache. Verständlich! Doch bevor man die chemische Keule auspackt und zur Tat schreitet, lohnt es sich, ein paar andere **Möglichkeiten zur Schneckenbekämpfung** zu testen, und da gibt es zahlreiche. Einige sollen hier vorgestellt werden:

Machen Sie die Wege der Schnecken unpassierbar, z. B. mit Rindenmulch.

Nach Regengüssen und vor allem in der Morgen- und Abenddämmerung sind die Schnecken leicht zu finden. Das ist die Gelegenheit für den Hobbygärtner, die Schädlinge einfach **abzusammeln**. Es empfiehlt sich, Handschuhe anzuziehen, da der Schneckenschleim schwer abzuwaschen ist. Aber wohin nun mit den eingesammelten Schnecken?

Leider gibt es hier nur einen Ausweg für den Gärtner, er muss die Schnecken töten, sonst richten sie erneut Schaden an. Um den Plagegeistern einen möglichst angenehmen Tod zu bereiten, sollte der Gärtner

Gleichmäßig verteiltes Schneckenkorn schützt die delikaten Salatköpfe, die Lieblingsspeise der Schnecken.

die Tiere mit kochendem Wasser überbrühen. Das hört sich brutal an, ist aber für die Schnecken die schmerzfreiste Methode. Alternativ dazu kann man sie auch mit dem Messer zerschneiden. Salz, ein alt bekanntes Hausmittel, bereitet den Schnecken einen qualvollen Tod.

Ein anderes natürliches Mittel im Kampf gegen die Plage ist grober **Rindenmulch**. Der Rindenmulch sollte großzügig rund um die Beetpflanzen ausgestreut werden. Rindenmulch ist scharfkantig und trocken, und beides mögen die Schnecken gar nicht gerne. Zerkleinerte Eierschalen oder Muscheln können ebenfalls rund um die Pflanzen gestreut werden. Sie halten die Schnecken ab, weil sie pieksen.

Sie können die Schnecken auch **überlisten**, indem Sie ihnen Pflanzkombinationen anbieten. Denn die Schnecke ist der Suppenkasper unter den Gartenbewohnern. Schnecken können ganz schön wählerisch sein, und das kann der Gärtner ausnutzen. Bieten Sie den ungebetenen Gästen einfach einen Leckerbissen an, dann lassen sie anderes Grünzeug in Ruhe: Tagetes, die Studentenblume, und Kapuzinerkresse sind sozusagen die Sahnetorten der Schnecken und eignen sich hervorragend.

Was auf jeden Fall zu beachten ist, ist die **Position des Kompostes im Garten**. Schnecken lieben Kompost und nutzen diesen als Brutstätte für ihre Nachkommen. Und hier sind die Schnecken auch äußerst nützlich. Sie zerkleinern die Kompostabfälle und regen den Kompostiervorgang an. Aus diesem Grund dürfen sie eigentlich auch ganz gerne in ihrem Schlaraffenland „Kompost“ leben. Sie müssen nur dort bleiben.

Deshalb sollte es immer einen **Mindestabstand** von 5 Metern zwischen Beet und Kompost geben. Das ist eine schier unüberwindbare Entfernung für die Tierchen mit dem Schneckentempo. Außerdem sollte sich auf diesen 5 Metern auch unliebsames Gelände für die Schnecken befinden: ein Weg, ein Streifen aus Rindenmulch o. ä.

Eine weitere Methode ist der **Schneckenzaun**. Ein Schneckenzaun ist eine recht stabile und dauerhafte Angelegenheit. Er ist meist aus verzinktem Blech mit abgewinkelter Oberkante. Er funktioniert wie eine undurchlässige, kleine Mauer, die rund um ein Beet in die Erde gesetzt wird. Sie ragt etwa 10 Zentimeter aus dem Erdboden heraus. Über die nach außen gebogene und scharfe obere Kante kommen die Schnecken nicht hinweg. Der Schneckenzaun eignet sich gut, um kleinere Gemüsebeete zu schützen.

Rüdiger Ramme empfiehlt Schneckenkorn gegen Schnecken.

Ein spezielles Schneckengift ist seit 1998 im Handel: **Ferramol®-Schneckenkorn**. Der Wirkstoff heißt Eisen-III-Phosphat. Das Gift wird zum Verzehr ausgestreut.

Umweltschonendes Schneckenkorn zerfällt im Boden zu Eisen und Phosphat.

Die Schnecken nehmen die Körner auf und ziehen sich dann in ihre Verstecke zurück, in denen sie verenden. Dieser neue Wirkstoff hinterlässt im Boden keine Rückstände, er wird komplett abgebaut. Und keine Sorge, nur die Plagegeister Schnecken vertragen ihn nicht. Anderes nützliches Kleingetier wie Igel und Regenwürmer leben unbeschwert und gefahrenfrei weiter.

Wussten Sie, dass Schnecken gerne mal ein **Bier** mögen? Deshalb kann man es auch mit **Schneckenfallen** probieren. Und diese sind

TIPPS

Sagen Sie den Schnecken den Kampf an:

- ✔ Sammeln Sie die Weichtiere nach einem Regenguss ein und überbrühen Sie sie mit kochendem Wasser.
- ✔ Streuen Sie groben Rindermulch um die Beetpflanzen.
- ✔ Zerkleinern Sie Eierschalen und Muscheln und streuen Sie diese rund um die Pflanzen.
- ✔ Bieten Sie der Schnecke einen Leckerbissen und pflanzen z. B. Tagetes oder Kapuzinerkresse.
- ✔ Sorgen Sie für einen Mindestabstand zwischen dem Kompost und den Beeten.
- ✔ Bauen Sie einen Schneckenzaun rund um das Beet.
- ✔ Stellen Sie eine Bierfalle im Beet auf.
- ✔ Halten Sie Laufenten in Ihrem Garten.

leicht selbst gebastelt. Man nehme einen leeren Joghurtbecher, schneide am oberen Rand Löcher hinein, fülle etwas Bier ein und buddele die Falle in die Erde! Unbedingt muss man den Joghurtdeckel wieder auf den Becher aufsetzen, damit es nicht reinregnet. Außerdem darf der Becher nicht zu voll sein, damit die Schnecken auch wirklich reinfallen und nicht mehr heraus kriechen können. Vergessen Sie aber nicht, dass der Bierdurst die Schnecken auch anlocken kann. Am geeignetsten ist die Bierfalle in einem Beet mit Schneckenzaun drum herum. Die Schnecken im Beet werden von der Bierfalle angelockt, und andere Schnecken können sich nicht dazugesellen.

Ein Geheimtipp, aber nicht für jedermann bzw. jeden Garten geeignet: **Laufenten!** Sie haben gemeinsam mit den Stummenten eine klare Vorliebe für Nacktschnecken. Die Enten stellen im Garten übrigens keinen Unfug an, sie scharren nicht und auch anderes Unheil liegt ihnen fern. Ländliche Gärtner schwören drauf. Denn die Enten fressen die Schnecken in Massen, brauchen aber natürlich eine artgerechte Betreuung und Unterkunft.

Kräuterfreuden

Sie duften, sie sehen gut aus und sind ein Muss für jeden Hobbykoch: die frischen Gartenkräuter.

Kräuter haben eine **alte Tradition**, obwohl sie lange ins Abseits gedrängt wurden. Jahrtausende waren sie in der **Ernährung** und der **Medizin** hoch angesehen. Besonders im alten China und bei den Indianern wurde den Kräutern eine heilende Wirkung zugeschrieben. In der Antike wurden Kräuterrezepte richtig wissenschaftlich bearbeitet, diskutiert und kritisiert. Erst im 20. Jahrhundert verblasste ihre Bedeutung. Doch sie sind wieder im Kommen, seit 10 bis 15 Jahren erobern sich die Kräuter ihr Feld in den Gärten und auf den Balkonen zurück.

Sie brauchen wenig Platz, riechen und schmecken gut und sind auch noch gesund: die Küchenkräuter. Ob Sie über einen Garten, eine Terrasse bzw. einen Balkon verfügen oder auch nur Fensterbänke haben, für unsere Kräuterzucht ist alles möglich, das kleinste Plätzchen auf der Fensterbank kann mit leckeren Küchenkräutern schön und sinnvoll bepflanzt werden. Küchenkräutern – auch Aromapflanzen genannt – reicht schon ein kleines Plätzchen, und das kann auch mitten in der Stadt sein.

Die wichtigsten und bekanntesten Kräuter sind:

➡ Petersilie, Schnittlauch, Dill, Basilikum, Kresse, Salbei, Rosmarin, Thymian, Koriander, Beifuß, Kerbel, Majoran, Bohnenkraut und Estragon.

Natürlich gibt es noch viele mehr. Einige, die weniger bekannt, aber sehr aromatisch sind:

➡ Mandarinen-Salbei, Limonchino oder Ysop.

Pflanzen, Kultivieren und Verarbeiten von Kräutern ist keine Kunst. Es erfüllt aber jeden Hobbykoch mit Stolz, wenn er zu seinen Gästen sagen kann: „Alles eigene Zucht". **Einige wenige Regeln** sollten Sie jedoch schon beim Pflanzen, Aussäen und Pflegen der Kräuter beachten. Wichtig ist die **richtige Mischung der Erde**. Mischen Sie je zu einem Drittel Kompost, Blumenerde und Sand. Auf diesem Bodencocktail fühlen sich die Kräuter so richtig wohl und werden Ihnen das mit prächtigem Wuchs und Aussehen danken. Wenn Sie sich die Eigenmischung sparen möchten, können Sie natürlich auch fertige Kräutererde kaufen, die durchaus zu empfehlen ist.

Minze, Lavendel, Kapuzinerkresse und Salbei vertragen sich prima.

Auch in kleinen Töpfen auf der Fensterbank lassen sich fast alle Kräuter ziehen.

Wenn Sie Aussäen, geschieht es leicht, dass zu viele Samen in die Erde gelangen. Das Ergebnis davon sind dann natürlich zu viele Sprossen und das bereitet Ihren Kräutern schließlich Probleme. Es wird den einzelnen Pflanzen zu eng. Die Folge: Sie gehen ein oder entwickeln sich nur sehr schlecht. Deshalb müssen Sie eine Weile nach der Aussaat unbedingt **auslichten**.

Eine ganz praktische Erfindung für Menschen ohne den so genannten ‚Grünen Daumen' oder für alle, die kein Risiko eingehen möchten, sind **Saatscheiben**. Das sind kleine Platten, in denen die Samen bereits verteilt sind. Diese legt man einfach auf die Erde und gießt sie an. Kresse ist dann z. B. bereits nach etwa drei Tagen fertig.

Für einige Kräuter gibt es durchaus **Spezialtipps**: Bei Basilikum, eines der sehr beliebten Gartenkräuter, sollten Sie wissen, dass man bei der Ernte die Blätter immer bis zum nächsten kleineren Trieb abknipsen muss. Das ist deshalb wichtig, weil die Pflanze dann besser, schneller und üppiger nachwächst. Wenn Kräuter wie etwa Salbei oder Schnittlauch angefangen haben zu blühen, keine Sorge. Es ist ein Gerücht, dass sie dann nicht mehr zum Verzehr geeignet seien. Sie sind weder giftig, noch schmecken sie nach der Blüte nicht mehr. Setzen Sie die Schere jedoch großzügig an und schneiden die Blüten einfach ohne Rücksicht auf Verluste heraus.

Noch ein kleiner Tipp: Die so beliebte und viel verwendete Petersilie ist mit sich selbst unverträglich. Säen Sie Ihre Petersilie deshalb jedes Jahr an einen anderen Platz. Wenn Petersilie längere Zeit am gleichen Fleck bleibt, verkümmert sie.

Und weil Küchenkräuter auch ganz hübsch aussehen, möchten wir natürlich noch ein paar dekorative Anregungen geben. Kennen

TIPPS

Die Polizisten unter den Kräutern:

- ✔ Bohnenkraut am Rand des Gemüsebeetes schützt das Gemüse vor Schwarzen Läusen.
- ✔ Kapuzinerkresse hält Blutläuse und Schwarze Läuse von Obstbäumen fern.
- ✔ Pfefferminze wehrt Kohlweißlinge und Erdflöhe ab. Sie eignet sich also als Randpflanze am Kohlbeet. Aber vergessen Sie nicht: Kamille mag die Pfefferminze gar nicht und außerdem wuchert sie sehr wild.
- ✔ Salbei und Thymian verjagen Kohlweißlinge und Schnecken, wenn sie wie Bodyguards rings um das Beet angepflanzt werden – allerdings: hundertprozentigen Schutz bieten sie nicht!
- ✔ Lavendel schützt Rosen vor Läusen!
- ✔ Kresse verbessert das Aroma der Radieschen.
- ✔ Kümmel unterstützt den Geschmack von Kartoffeln, wenn man ihn an den Rand pflanzt.
- ✔ Dill, Doldenblütler Kümmel, Fenchel und Koriander sind gute Nachbarn von Gurken, Möhren und Zwiebeln.
- ✔ Petersilie und Tomaten freunden sich schnell an und gedeihen prächtig und intensiv in unmittelbarer Nachbarschaft. Während die Petersilie neben dem Kopfsalat ein trauriges, kümmerliches Leben führt.

In einem Erdbeertopf kann man auch bei wenig Platz einen ganzen Kräutergarten anpflanzen.

Sie den so genannten **Erdbeertopf**? In einen Erdbeertopf können Sie viele verschiedene Kräuter einpflanzen, die dann auf unterschiedlichen Ebenen wachsen und ein sehr ansprechendes Ensemble bilden. Die Kräuter mögen das und das menschliche Auge durchaus auch. Der Kräuter bepflanzte Erdbeertopf ist auch ein schönes Geschenk für jeden Hobbykoch.

Wem das Grün der Kräuter zu langweilig und eintönig ist, auch dem sei geholfen. Kräutertöpfe müssen nicht immer nur einfarbig grün sein. Die Ringelblume beispielsweise blüht leuchtend orange, Kapuzinerkresse ist rot, und bei diesen beiden Kräutern schmecken auch noch die Blüten am besten. Andere farbenfrohe und essbare Kräuterblüten sind Boretsch und Veilchen.

Englische Rosen

Sophy's Rose, Happy Child oder Crown Princess Margareta – so klangvolle Namen haben die Englischen Rosen.
Der Begriff **Englische Rose** ist für den Rosenliebhaber und -kenner untrennbar mit intensivem Duft und schillernder Farbe verbunden.

Im Jahre 1969 gelang dem Engländer **David Austin** das erste Mal die erfolgreiche Züchtung. Der Rosenliebhaber Austin wollte die Vorteile der Alten Rosen mit denen der Neuen Rosen verbinden. Bis es endlich geschafft war, musste David Austin hunderttausende von Sämlingen anzüchten. Aus diesen wur-

„Cottage Rose" wird zu einem wahren Rosenteppich.

den dann nach ganz strengen Kriterien die Englischen Rosen herausgelesen; 100 an der Zahl.

Die Englischen Rosen besitzen nun den Duft und die Rosettenform der alten Sorten, sind aber so großblumig wie moderne Edelrosen. Außerdem gelang David Austin mit seiner Züchtung eine längere Blütezeit. Im Gegensatz zu den alten Sorten, die in der Regel nur im Frühsommer blühen, hat der Rosenfreund an den Englischen Rosen mehrfach im Jahr Spaß.

Englische Rosen sind meist **buschige Sträucher** mit verzweigtem Wuchs. Die häufigste Blütenform ist die dicht gefüllte, üppige Rosette. Auffallend ist der besondere Duft der Englischen Rosen. Er erinnert manchmal an Zitrone, Myrrhe oder Weihrauch. Die Blütenfarben bewegen sich meistens im Pastellbereich.

Gepflegt werden müssen die Englischen Rosen vergleichbar zu anderen Rosensorten. Jede Rose ist dankbar für eine offene, lockere und unkrautfreie Pflanzscheibe rund um ihren Fuß. Deshalb sollten Sie gelegentlich oberflächlich hacken oder aber als Variante eine dünne **Mulchschicht** auftragen; zum einen verhindert diese ein erhöhtes Unkrautvorkommen und zum anderen hält die Schicht auch die Feuchtigkeit im Boden. Außerdem brauchen Rosen **ausreichend Wasser**. Reichlich Feuchtigkeit fördert vor allem die Blütenfülle. Aber **Achtung**: Rosen sollten besser nicht von oben gegossen werden. Die Blätter dürfen auch nicht ständig zu nass sein, denn das wiederum führt zu Pilzbefall.

Mal ehrlich: Nichts geht über den Duft einer englischen Rose.

Die „Pat Austin“ zeichnet sich durch ein besonderes Farbspiel aus: Die Innenseiten der Blütenblätter sind leuchtend kupferfarben, die Außenseiten hell bis gelblich.

Gießen Sie in Trockenzeiten lieber einmal und dann sehr viel, als häufiger in geringerer Menge. Rosen sind Tiefwurzler und können auch niederschlagsarme Perioden überstehen. Wenn Sie also gießen, dann auch deshalb reichlich, damit die Feuchtigkeit bis in die tieferen Schichten vordringt. Am besten legt man den Gartenschlauch an die Pflanze. Das gilt natürlich nur für gut durchwurzelte, nicht für junge, frisch gepflanzte Rosen.

Gepflanzt werden können diese traumhaften Gewächse jederzeit, wenn sie vorher bereits im Topf gezogen wurden. Das ist die Voraussetzung dafür. Sie sollten unbedingt ein Drittel Kompost oder Pflanzenerde mit in das Erdloch einarbeiten. **Wurzelnackt** können Sie die Rosen lediglich im **Frühjahr** oder **Herbst** pflanzen. Die Veredelungsstelle zwischen Wurzel und Trieb muss beim Pflanzen ca. 5 Zentimeter unter der Erde liegen.

Die Hauptnährstoffe auch für Rosen, wie übrigens für alle Pflanzen, sind Stickstoff, Kalium und Phosphor. **Stickstoff** braucht die Pflanze vor allem zum Wachsen und für das Grün. Sie können ihn ganz einfach über Kompost zuführen oder über Hornspäne, einen rein organischen Volldünger. Bei akutem Mangel hilft natürlich auch flüssiger Mineraldünger.
Führen Sie aber keinen Stickstoff nach Anfang Juli zu. Dann besteht nämlich die Gefahr, die Rosen frostempfindlicher zu machen und das Ausreifen des Holzes zu verlangsamen. **Kalium** dient der Blume zur Regulierung des Wasserhaushalts und des Stoffwechsels. Eine ausreichende Kaliumversorgung erhöht die Widerstandsfähigkeit Ihrer Rose. **Phosphor** muss in der Regel nicht zugeführt werden, da die meisten Gartenböden hinreichend mit Phosphor versorgt sind.

Für Rosenliebhaber ein Genuss: das leuchtende Karmesinrot der Sorte „L. D. Braithwaite“.

Hier eine kleine Checkliste der Mangelsymptome: Bei Stickstoffmangel wächst Ihre Pflanze schlecht, hat wenig Blüten, und die Blätter sind oft klein und gelblich-grün. Sind die Blätter dicker, blau-grün und haben violette Ränder, dann könnte das ein Hinweis auf **Phosphormangel** sein. Auf die Alarmsignale von **Kaliummangel** sollten Sie achten, denn Kaliummangel führt dazu, dass die Rosen schlecht überwintern können. Außerdem haben sie dann erst gelbe, später braune Blätter und blasse Blüten. Das entgeht Ihnen bei den Englischen Rosen nicht, denn diese sind ja eben für ihre Farben berühmt. Bei Magnesiummangel kriegen die Blätter mosaikartige, gelblich-grüne Stellen. Bei **Manganmangel** entstehen gelblich-grüne Flecken zwischen den Blattadern. Spezielle Rosendünger, deren Zusammensetzung auf die Bedürfnisse der Rosen abgestimmt ist, gibt es im Fachhandel.

Wild wuchern sie und stehen doch in Harmonie: die Rosen im Renaissance-Garten von David Austin.

Auch Englische Rosen werden beschnitten, klar, aber keine Sorge, der Aufwand hält sich in Grenzen. Im Sommer sollten Sie einfach nur die alten Blüten herausschneiden. Radikale Rückschnitte wie bei den Beetrosen sind bei den Englischen Rosen nicht nötig. Einfach im Frühjahr die abgestorbenen Äste rausschneiden, das genügt. Alle vier bis fünf Jahre kann dann ein wirklicher Erneuerungsschnitt erfolgen. **Der Schnitt der Rosen** dient der Pflege und unterstützt die Gewächse, sich prachtvoll und gesund zu entwickeln. Verwenden Sie unbedingt eine scharfe Rosenschere, nur dann können Sie die Zweige glatt abschneiden. Die Triebe dürfen dabei auf gar keinen Fall gequetscht werden. Schneiden Sie die Triebe jeweils

0,5 bis 1 Zentimeter über einem gut entwickelten Auge – einem jungen, gerade entstehenden Trieb – leicht schräg ab. Das Auge sollte nach außen zeigen, damit sich der Trieb dann später auch problemlos entwickeln kann. Englische Rosen lassen sich sehr gut mit anderen Pflanzen kombinieren, die Züchter sprechen dabei von **„Mixed Borders“**. Sie können die Englischen Rosen mit Alten und Strauchrosen mischen. Das sieht nicht nur gut aus, denn die Englischen Rosen bereichern Ihren Rosengarten mit Ihren interessanten Farben und vollen Formen, sondern eine Rosenkombination verlängert deutlich die Blütezeit Ihres Rosengartens oder -beets. Die Blütezeit Alter und Strauchrosen liegt nur bei zwei bis drei Wochen, mit Englischen Rosen kann man sich jedoch einen ganzen Sommer an Blüten- und Farbenpracht erfreuen. Oder aber Sie kombinieren Englische Rosen mit Lavendel oder Clematis, auch ein ausgesprochen hübsches Arrangement.

Wer gerne **Schnittblumen** im Haus mag, auch für den haben die Englischen Rosen einen hohen Wert. Mit ihrem starken, intensiven Duft erfüllen sie sehr schnell den gesamten Raum recht unaufdringlich.

Auch in der Vase schön anzuschauen: „The Mayflower“ und „Noble Antony“.

Ende November/Anfang Dezember sollten Sie den Rosenfuß etwas **auf den Winter vorbereiten**. Achten Sie auf die Veredlungsstellen, sollten sich diese nicht in der Erde befinden, dann häufeln Sie die Rose an. Häufen Sie einfach ca. 30 Zentimeter Gartenkompost an, das schützt den Wurzelhals und die empfindlichen Veredlungsstellen. Schützen Sie die frostempfindlichen Rosen mit Tannenreisig und Jute. Wenn es sehr kalt wird, können Sie die Krone auch mit Tannenreisig zusammenbinden und mit Jute umhüllen. Sicherheitshalber, aber das gilt ja für zahlreiche Pflanzen, die draußen überwintern, sollten Sie Topfplanzen an einen geschützten Platz stellen und z. B. mit Schilfmatten, Kokosfasermatten o. ä. umwickeln.

Die Kletterrose „Teasing Georgia" steht in üppiger Pracht.

Zu Ihrer Beruhigung: Die Englischen Rosensorten sind deutlich robuster als die alten Sorten. Dennoch kann es zu Krankheiten kommen. Typisch sind da Sternrußtau, Mehltau und Blattläuse.

Sternrußtau: Bei Sternrußtau zeigen die Oberflächen der Blätter dunkelbraune bis schwarze Flecken, meist eckig bis sternförmig begrenzt. Die Blätter vergilben und fallen dann ab. Bei Sternrußtau müssen Sie direkt zu Beginn die kranken Blätter abpflücken und die Pflanze mit handelsüblichen Spritzmitteln behandeln. Vorbeugend können Sie Ihre Rosen auch mit Schachtelhalmbrühe besprühen.

Mehltau: Auf den jungen Blättern und Knospen bildet sich ein mehliger weißer Belag, der sich abwischen lässt. Erkrankt die Rose stark, können die Blätter abfallen. Bei Mehltau können Sie genauso vorgehen wie bei Sternrußtau. Achten Sie unbedingt auch auf einen luftigen Standort und geben Sie weniger Stickstoff. Wenn es jedoch sehr schlimm wird, helfen nur noch Spritzmittel aus dem

TIPPS

Unbedingt zu beachten gilt es:

- ✔ **Wurzelnackt dürfen Sie Ihre Rosen nur im Frühjahr oder im Herbst pflanzen.**
- ✔ **Im Topf gezogene Englische Rosen können Sie jederzeit pflanzen. Arbeiten Sie aber sicherheitshalber immer ein Drittel Kompost oder Pflanzenerde mit ein, Ihre Rosen werden es Ihnen danken.**
- ✔ **Die Veredlungsstelle zwischen Wurzel und Trieb muss unbedingt 5 cm unter der Erde liegen.**
- ✔ **Hier noch vorbeugende Pflegehinweise:**
  Vermeiden Sie übermäßige Stickstoffdüngung
  Schauen Sie sich Ihre Rosen regelmäßig und genau an, entfernen Sie befallene Blätter und Triebe.

Handel, z. B. Saprol® und Baymat®.

Blattläuse: Blattläuse lieben die Rosen fast so sehr wie wir Menschen. Sie sind einer der häufigsten Schädlinge. Wenn Ihre Rosen von Blattläusen befallen sind, können Sie es zunächst mit einem Hausmittel versuchen. Besprühen Sie die Pflanzen mit einem Wasser-Spülmittel-Gemisch. Wenn das nichts nutzt, sollten Sie auf handelsübliche Mittel zurückgreifen. Neu ist ein Spezial-Pflaster, das einfach unten um den Trieb geklebt wird. Eine vorbeugende Maßnahme kann auch die Unterpflanzung mit Lavendel sein, das soll die Blattläuse abschrecken.

Eine **abwechslungsreiche Bepflanzung** mit Kräutern und altbewährten Bauerngartenblumen zieht Maikäfer, Schweb- und Florfliegen an. Das sorgt für ein gesundes Gleichgewicht zwischen Nützlingen und Schädlingen und ist bereits vorbeugend eine sinnvoll Maßnahme gegen tierische Schädlinge.

Englische Rosen sind recht unempfindlich, dennoch sollten Schädlinge sofort bekämpft werden.

Mini-Teiche

Der Mini-Teich: Schritt für Schritt von der Wanne bis zur Pflanze

Gemütlich, romantisch, hübsch – oft ein **Highlight im Garten**: Das ist der Teich. Denn klar, Grün und Wasser gehören untrennbar zusammen. Eine spiegelnde Wasserfläche belebt jeden Garten, aber auch jede Terrasse oder jeden Balkon. Wenn Sie nicht genügend Raum für einen großen Gartenteich haben, das macht nichts: Miniwassergärten haben selbst auf dem kleinsten Balkon Platz. Es gilt allerdings, einiges zu beachten.

Bereits bei der Auswahl der **Gefäße** sollten Sie erste Überlegungen anstellen. Verschiedene Materialien eignen sich für die Mini-Teiche. Ob die Wahl auf einen Holzbottich, auf Keramik, Zink oder sogar auf Glas oder Spießbütt fällt, hängt in erster Linie von optisch-ästhetischen Kriterien ab. Wichtig hingegen ist die Form des Gefäßes. Es sollte möglichst breiter als hoch sein. Etwaige Löcher können Sie einfach mit Silikon abdichten. Bevor Sie das Gefäß bepflanzen, testen Sie aber unbedingt, ob es auch wirklich dicht ist. Sonst müssen Sie womöglich noch einmal von vorne beginnen und neu pflanzen.

Bedenken Sie bei der Auswahl der Pflanzen den **Standort** Ihres Mini-Teiches. Haben Sie die Möglichkeit, Ihre Wasseroase variabel auszurichten, können Sie die Pflanzen ganz einfach nach Lust und Geschmack wählen. Wasserpflanzen lieben die Sonne, doch je sonniger der Teich steht, desto leichter erwärmt sich auch das Wasser. Diese Erwärmung kann zu vermehrtem Algenwachstum führen. Um diesem Problem vorbeugend entgegen zu wirken, stellen Sie, falls möglich, Ihren Teich in den Halbschatten. Ideal für Mini-Teiche sind zwei bis drei Sonnenstunden pro Tag.

Für einen Mini-Teich benötigt man Wasserpflanzen, die mit einem **niedrigen Wasserstand** zufrieden sind: Wasserhyazinthen, niedrige Irisarten, Sumpfdotterblumen, Gräser oder Schwimmpflanzen. Auch die von den Teichfreunden so geliebten Seerosen gibt es als Zwergarten geeignet für einen Wasserstand unter 20 Zentimetern. Drei bis

Auch ein hübsches Gefäß für einen Mini-Teich.

vier Pflanzen reichen für einen Kübelteich völlig aus. Die Wasserpflanzensaison beginnt frühestens im April mit der Blüte von Sumpfdotterblumen und Rosenprimeln und endet erst kurz vor dem Frost. Bedenken Sie beim **Transport der Wasserpflanzen** nach dem Kauf, dass sie sozusagen die Fische unter den Pflanzen sind. Entsprechend wollen sie transportiert werden: in geschlossenen Beuteln, die Sie erst kurz vor der Verwendung öffnen sollten. Beim Einpflanzen müssen Sie noch nicht einmal zwingend Austopfen. Sie können die Pflanzen auch einfach in ihren Verkaufstöpfen belassen und füllen die Zwischenräume mit Zierkies.

ein Mini-Teich mit Wasserhyazinthe

Für einen Mini-Teich brauchen Sie spezielle nährstoffarme Teicherde und einige Steine, damit Sie die unterschiedlichen Wassertiefen je nach Wunsch der Pflanze einrichten können. Und nun benötigen Sie noch Kies und Pflanzkörbe, in die die Pflanzen mit Teicherde eingesetzt werden. Wenn Sie Ihren Mini-Teich mit all diesen Dingen gestaltet haben, fehlt noch das Entscheidende: das Wasser. Beim Einlaufenlassen des Wassers sollten Sie sehr vorsichtig sein und darauf achten, dass die Erde nicht stark aufschwemmt. Verwenden Sie am besten **weiches Regenwasser** und kein kaltes, kalkhaltiges Leitungswasser. Nun ist der Mini-Teich fertig, es sei denn, Sie möchten noch einige Schwimmpflanzen aufsetzen. Das wird üblicherweise ganz am Ende gemacht.

Damit der Anblick Ihres Mini-Teiches Sie lange erfreut, sollten Sie wenige **Grundpflegetipps** berücksichtigen: Wechseln Sie das

TIPPS

Auf einen Blick:

- ✔ **Bereits das Gefäß ist ein Blickfang, wählen Sie deshalb ein formschönes.**
- ✔ **Schon mit kleinen Pumpen kann man einiges bewirken, dennoch empfehle ich Ihnen direkt eine größere, qualitativ hochwertige Pumpe – es zahlt sich am Ende aus! Glauben Sie mir.**
- ✔ **Strom und Wasser sind immer eine Kombination, mit der man vorsichtig umgehen sollte. Informieren Sie sich beim Fachmann und verwenden Sie für Pumpe und Beleuchtung eine Variante mit Niedervoltspannung.**
- ✔ **Manchmal muss es nicht das Teuerste sein: Für kleine Teiche aus Folie reicht normalerweise eine preisgünstige PVC-Folie in einer Stärke von 0,5 mm.**
- ✔ **Kaufen Sie keinen Wassertester – halten Sie Augen und Nase offen, das wird reichen.**

Wasser regelmäßig, vor allem bei kleinen Gefäßen. Als Faustregel gilt: Je kleiner das Gefäß, desto häufiger muss das Teichwasser gewechselt werden. Auch die **Temperatur** hat großen Einfluss auf die Wasserqualität: Je wärmer es ist, desto schneller wird das Wasser umkippen. Vertrauen Sie einfach auf Ihre Nase. Fängt das Wasser an zu riechen, muss es sofort gewechselt werden. Faden-Algen können Sie übrigens ganz einfach mit der Hand abschöpfen bzw. herausfischen.

Kommt dann der Winter, holen Sie einen transportablen Mini-Teich am besten inklusive der Pflanzen ins Haus an einen hellen und kühlen Platz. Wenn das nicht möglich ist, sollten Sie bereits bei der Anschaffung des Gefäßes darauf achten, dass dieses auch frostsicher ist. Sofern der Mini-Teich mit einheimischen Pflanzen bewachsen ist, ist der Winter in der Regel überhaupt kein Problem. Die einheimischen Wasserpflanzen können draußen überwintern. Bei exotischer Bepflanzung gelten individuellere Vorschriften, die Sie sinnvollerweise direkt beim Kauf mit bedenken sollten.

Mehrere Mini-Teiche lassen sich schön kombinieren, hier in Whiskeyfässern.

Obst auf der Terrasse

Sommer, Sonne und leider kein Garten, in dem Sie eigene Früchte anpflanzen und ernten können? Kein Problem, Obst können Sie durchaus auch auf Ihrer Terrasse anpflanzen. Ob Himbeeren, Brombeeren, Kiwi, Trauben, Heidelbeeren oder Feigen, sie alle fühlen sich auch im Kübel auf der Terrasse wohl und tragen dort Früchte.

Der schmeckt nicht nur Schneewittchen und kommt aus Ihrem eigenen Anbau.

Es sind übrigens dieselben Pflanzenarten, das heißt, auch im Kübel sind sie ebenso wie Obstbäume oder -sträucher im Garten mehrjährig. Also lohnt sich das Anpflanzen und Pflegen umso mehr, denn im nächsten Jahr kann es wieder eine Obsternte geben. Sie sollten allerdings schon zu Beginn bedenken, dass Obstbäume und Sträucher Zeit und Pflege verlangen.

Der **Standort** ist wichtig. Alle Lagen, die nicht gänzlich gegen Norden gerichtet sind, kommen in Frage. Obst braucht Sonne, so werden Ihre Früchte süß und lecker. Wenn Sie eine ausschließliche Südlage haben, sollten Sie Ihren Nutzpflanzen an sehr heißen Sommertagen etwas Schatten bieten und darauf achten, dass sie immer genügend Wasser bekommen.

Platzsparend und hübsch sind **kletternde Pflanzen** wie Wein oder Kiwi. Diese können

Sie an **Wandspalieren** oder **Pergolen** hochziehen. So bieten Ihre köstlichen Früchte auch noch einen Sichtschutz. Beim Kauf von Beerenpflanzen ist es sehr wichtig darauf zu achten, dass die Faserwurzeln gut ausgebildet sind. Wählen Sie sicherheitshalber noch Hochstämme mit einer einjährigen Krone. Johannisbeeren und Stachelbeeren kann man als Hochstämmchen für den Terrassenkübel kaufen. Dazu braucht man einen stabilen Stützpfahl, der von der Erde aus bis in die Krone des Gewächses reicht.

Terrasse oder Garten: Obst verlangt Schnitt, gehen Sie damit sorgfältig um, umso besser fällt die Ernte aus.

Da der **Pflanzenkauf** stets eine Vertrauenssache ist, sollten Sie Ihre kleinen Obstbäumchen auf jeden Fall nur dort erwerben, wo Sie eine ausführliche Beratung erhalten und die einzelnen Pflanzen auf einem Etikett genau beschrieben sind.

Der **richtige Schnitt** stellt besonders für den mobilen Obstgarten einen wesentlichen Teil der Pflege dar. Auch ungeschnittene Obstgehölze blühen durchaus und bilden Früchte – für einen gewissen Zeitraum zumindest. Über kurz oder lang werden die Früchte jedoch kleiner und verlieren an Qualität. Ungeschnittene Obstbäume sind kurzlebiger. Die Schnittbedingungen des Terrassenobstes entsprechen den gleichen Bedingungen, wie die der frei gepflanzten Obstpflanzen.

Mit den **Ernteerträgen** aus Kübeln und Kästen werden Sie jetzt vermutlich nicht Ihren Vorratskeller füllen können, dennoch wird Ihnen die Ernte Freude bereiten. Gerade bei den etwas bescheideneren Ernteerträgen auf Balkon und Terrasse ist der **Erntezeitpunkt** wichtig. Im Prinzip kann im mobilen Garten von April bis zum ersten Frost geerntet werden. Ernten Sie bei maximaler Reife, dann ist alles frisch und der Geschmack auf dem Höhepunkt. Süße Früchte brauchen im Allgemeinen etwas länger, bis sie die volle Reife haben.

Eine leckere Ernte als Belohnung für den Gärtner

Der mobile Obstgarten erfordert **im Winter einige Vorkehrungen**. Am sichersten sind ein Gewächshaus, ein Wintergarten oder ein heller, kühler Raum. Wenn Sie so ein kühles, frostfreies Winterquartier nicht haben, dann sollten Sie die Töpfe aber auf jeden Fall in Vlies oder Sackleinen einpacken, damit die Wurzeln nicht anhaltend Minustemperaturen ausgesetzt sind und keinen Frostschaden erleiden. Einfach und wirkungsvoll sind Styroporplatten unter den Kübeln, denn gerade aus dem Boden steigt die Kälte hoch. Also haben Sie immer im Hinterkopf, Ihr Obst kann selbstverständlich auch draußen überwintern, aber der Wurzelballen sollte nicht anhaltend durchgefroren sein. Auch während der Wintermonate sollten Sie immer mal wieder nachschauen, ob das Substrat noch feucht ist. Wenn nicht, sollten Sie an frostfreien Tagen unbedingt gießen.

TIPPS

Obst für Balkon und Terrasse im Überblick

Obst	Höhe in cm	Standort	Ernte	Bemerkungen
Apfel	100 – 200	offen, sonnig	August – Oktober	am besten als Spindelbaum, verschiedene Spalierformen
Aprikose	bis 200	sonnig, sehr warm, windgeschützt	Juli – August	am besten in Spalierform
Birne	150 – 200	sonnig, geschützt	August – Oktober	am besten als Spindelbaum, verschiedene Spalierformen
Erdbeere	30	sonnig	Juni – Oktober	für Ampel, Kasten und Topf geeignet
Feige	bis 200	sonnig	September	typische mediterrane Pflanze, verlangt eine geschützte Lage
Heidel-beere	bis 150	voll sonnig	Juni – Ende September	hier gibt es spezielle kübelgeeingete Sorten
Kiwi	bis 300	warm, sonnig, windgeschützt	Oktober – November	exotisch, für Wandspalier oder Pergola
Passions-blume (bekannt als Maracuja)	bis 200	voll sonnig	August/September	Wandspalier und Pergola, geschützt, sonnige Lage
Pfirsich	bis 200	sonnig, geschützt	August/September	Zwergsorten und Spalierformen
Stachel-beere/ Johannis-beere	bis 150	sonnig, leicht beschattet	ab Mitte Juni	Hochstämmchen, mindestens 50 l Kübel
Weinrebe	bis 10 m	sehr sonnig, trocken	September – Oktober	für Wandspalier oder Pergola

Unkraut

Wenn der Garten erst einmal so aussieht, kommt man um schweißtreibende Arbeit nicht mehr herum.

Ein lästiges Thema, aber es führt kein Weg dran vorbei! UNKRAUT! Grrrrr!

Doch was ist eigentlich Unkraut? Laut Definition ist es eine am falschen Platz wachsende Pflanze. Gärtner sprechen selbst überhaupt nicht von Unkraut, für sie ist es **Beikraut**. Und Unkraut ist auch nicht immer gleich nutzloses, hässliches und struppiges Gewächs, sondern hat durchaus häufig seine Berechtigung. Unkraut oder Beikraut **lockert zum Beispiel den Boden** auf und ist teilweise **essbar** und **gesund**. Man denke dabei nur an Löwenzahn und Sauerampfer. Und allzu oft blüht das Unkraut auch recht hübsch.

Wind, Vögel oder auch Schuhsohlen tragen die überall schlummernden, abertausenden **Unkrautsamen** in Ihren Garten. Das werden Sie nie verhindern können, deshalb sollte sich jeder Gärtner als Erstes die Frage stellen, womit er leben kann und auch, welchen Aufwand er für ein makelloses Beet oder einen makellosen Rasen treiben möchte. Die Bezeichnung Unkraut ist auf jeden Fall eine Frage der persönlichen Sichtweise. Das soll jetzt nicht heißen, Sie mögen sich doch bitte einfach mit Ihren unliebsamen Kräutern in Ihrem Garten abfinden. Nein, nein! Es soll eigentlich nur heißen, alles ist relativ. Und vieles gar nicht so schlimm.

Nun klingt es schon fast so, als solle man sich mehr um das Unkraut kümmern. Es hegen und pflegen. Nein, nein, ganz so sieht es dann doch nicht aus. Neben ästhetischen Fragen, ob der Gärtner nun bestimmte Pflanzen, die am falschen Platz wachsen leiden mag oder nicht, bringen Unkräuter oft auch ganz **unliebsame Eigenschaften** mit. Sie neigen dazu, sich auszubreiten, zu wuchern und anderen Pflanzen den Platz zu stehlen. Außerdem konkurrieren sie um Wasser und Nährstoffe. Und das ärgert den Gärtner natürlich sehr. Hier muss man aktiv werden und den unliebsamen Pflanzen rasch den Kampf ansagen.

Das **Übel an der Wurzel packen**, also raus mit den Wurzeln des Unkrauts. Das ist selbstverständlich die sinnvollste und im Grunde auch die natürlichste Methode der Unkrautvernichtung. Hier ist körperlicher Einsatz gefordert. Zu Beginn hilft bei einem verwilderten Beet meist nur hacken und umgraben und dann die Wurzel so sorgfältig wie möglich herausziehen.

Natürlich gibt es auch **technische Hilfsmittel**. Mit Geräten wie einem Thermofix oder dem Thermoflamm hat man gute Waffen im Kampf gegen das Unkraut. Durch eine starke Erhitzung denaturiert das Eiweiß in den Pflanzen, das heißt, es stockt. Die Unkrautpflanzen sterben ab. Bei dieser Methode muss man schon ziemlich aufpassen, damit man nicht zu viel von der Umgebung in Mitleidenschaft zieht. Das passiert allzu leicht und macht Ihnen dann nur mehr Arbeit, denn in diesem Fall müssen Sie nachsäen. Das Verfahren eignet sich eigentlich besser für die Wegränder und Wege als für größere Beete.

Außerdem gibt es natürlich **chemische Mittel**, die dem Gärtner das unliebsame Unkraut vom Halse schaffen. **Achtung:** Für den Hobbygärtnerbereich sind nicht alle chemischen Keulen zulässig. Die im Handel er-

links: Gundermann bevorzugt ein schattiges Plätzchen.

rechts: Der efeublättrige Ehrenpreis breitet sich teppichartig aus.

TIPPS

Unkrautvermeidung:

- ✔ Bodendecker wie Spindelstrauch, Zwergspiere oder verschiedene Stauden bedecken ein Beet komplett und lassen keinen Platz mehr für Unkraut. Eine pflegeleichte Lösung!
- ✔ Groben Rindenmulch zwischen Pflanzen auf einem Beet ausstreuen. Da kann das Unkraut schlecht durchwachsen, und Samen können schlecht auskeimen.
- ✔ Um blühende Rosensträucher oder andere mehrjährige Pflanzen vor Unkraut zu schützen, kann man Pflanzvlies oder Mulchfolie auf einem Beet ausbreiten. Mit einer Schere schneidet man dann Löcher herein und setzt dort die Pflanzen in die Erde ein, den Rest des Vlieses oder der Folie bedeckt man mit Mulch.
- ✔ Hecken pflanzen, damit nichts Böses aus Nachbars Garten kommt. Der Unkrautsamen bleibt in der Hecke hängen und breitet sich nicht im eigenen Garten aus.

hältlichen Präparate sind ungiftig für uns Menschen und auch für Tiere. Außerdem sind diese Produkte sehr leicht anzuwenden. Sie werden einfach aufgesprüht. Auf Wegen und Plätzen dürfen sie aber nicht verwendet werden. Denn im Boden werden diese Mittel abgebaut. Von versiegelten Flächen aber können sie leicht mit dem Regenwasser in die Kanalisation gelangen und dort bei der Abwasserklärung Probleme machen. Auf jeden Fall sollten Sie aber bei der Auswahl der Präperate darauf achten, welche unliebsamen Kräuter Sie bekämpfen wollen.

Den Löwenzahn findet man auf fast allen nährstoffreichen Flächen, seine Pfahlwurzel wird bis zu 30 cm lang.

Bewässerungssysteme

Allzeit bereit ist das Bewässerungssystem; Sie müssen nur noch die Zeitschaltuhr richtig einstellen und den Urlaub genießen.

Sie wollen in den Urlaub, und es findet sich partout niemand, der regelmäßig zum Gießen kommen kann. Oder Ihnen ist das tägliche Gießen bei großer Hitze einfach zu stressig. Kein Problem: Es gibt zahlreiche Möglichkeiten, wie Ihre Pflanzen trotzdem nicht verdursten müssen.

Wie wäre es mit einem automatischen **Bewässerungssystem von Gardena** für die Blumenkästen? Zwischen einen kleinen Schlauch werden in handbreiten Abständen kleine Verbindungsstücke – so genannte Tropfer – eingesetzt. Aus diesen wird später das Wasser fließen. Das Ganze wird dann mit Klammern im Erdreich festgesteckt. An das eine Schlauchende im Kasten wird ein Schlussstück gesetzt, das andere Ende wird an eine Wasserpumpe angeschlossen. Die Wasserpumpe wiederum ist mit einem Netzteil verbunden, das an eine Steckdose gehängt wird. Die Pumpe kommt am Ende in

So wird's gemacht: Jede Pflanze wird einzeln versorgt und regelmäßig gegossen.

einen großen Behälter mit Wasser. Am Netzteil lässt sich dann mit einer Schaltuhr regulieren, wann und wie viel Wasser gepumpt werden soll.

Es geht aber auch ganz ohne Strom! So genannte **Bewässerungskästen** haben unten im Kasten ein großes Wasserreservoir, das wie ein Tank funktioniert, auf den die Pflanzen bei Bedarf selbst zurückgreifen können. Sie saugen dann mit ihren Wurzeln das Was-

Durch Bewässerungsmatten und Bewässerungskästen haben die Pflanzen einen Wasservorrat, aus dem sie sich bedienen können.

ser aus dem Tank hoch. Bis zu einer Woche kommen die Pflanzen damit aus.

Eine andere wirkungsvolle Methode sind **Bewässerungsmatten**. Es sind lange Matten aus recycletem Schaumstoff, die auf den Boden der Blumenkästen gelegt werden. Sie saugen sich mit Wasser voll und geben es dann nach Bedarf an die Pflanzen ab. Auch bei hohen Temperaturen muss mit diesem Bewässerungssystem nur alle drei bis vier Tage nachgegossen werden.

Probieren Sie einen **Blumat-Tonkegel**: Diese Kegel werden ins Wasser gelegt und saugen sich voll. Dann werden sie noch mit Wasser befüllt und anschließend einfach in die Erde gesteckt. Der kleine Schlauch am oberen Ende des Kegels wird in ein Gefäß mit Wasser gehängt. Der Ton saugt das Wasser automatisch an und gibt es an die Pflanzen weiter. Das ist eine ideale Methode für kleinere Kübel und Töpfe.

Natürlich gibt es auch etwas für die Technikfreaks unter den Gärtnern – **die Computergesteuerte-Garten-Bewässerung**:
Man braucht einen langen Spezialschlauch mit kleinen Löchern und einen kleinen Computer, der direkt an den Wasserhahn angeschlossen wird. Am Computer kann dann eingestellt werden, wann und wie viel gesprengt werden soll. Zusätzlich angeschlossene Feuchtigkeitsfühler können darüber hinaus feststellen, ob es geregnet hat, und schalten die automatische Bewässerung dann aus.

TIPPS

Hier noch mal auf einen Blick:

- ✔ Automatische Bewässerungssysteme mit Wasservorrat! Sie müssen einmalig installiert werden und hängen von Ihrem Wasserreservoir ab. Außerdem benötigen sie Strom für die Pumpe.
- ✔ Bewässerungskästen! Sie kommen ohne Strom aus und versorgen die Pflanzen im Kasten eine ganze Woche lang.
- ✔ Bewässerungsmatten! Selbst bei hohen Temperaturen muss nur alle drei bis vier Tage gegossen werden.
- ✔ Blumat-Tonkegel: Sie werden in Wasser gelegt und danach auch noch befüllt. Eignet sich nur für kleinere Kübel und Töpfe und auch nur für einen kürzeren gießfreien Zeitabschnitt. Auch die Blumat-Tonkegel benötigen einen Wasserspeicher.
- ✔ Computer-gesteuerte-Garten-Bewässerung! Der Anschluss direkt am Wasserhahn, der Computer und der Feuchtigkeitsfühler sind die perfekte und vor allem sehr langfristige Bewässerungsanlage.

Automatische Bewässerungssysteme sind kinderleicht zu bedienen, wenn Sie verreist sind, oder wenn Sie in den heißen Monaten einfach nicht täglich gießen möchten.

Trockenschäden bei Rasen

Hier gehört der Rasen zum Erscheinungsbild des Hauses, da soll er natürlich gesund, frisch und einladend wirken.

Kaum ein Garten verzichtet auf Rasen. Rasen ist die **einzige begehbare Pflanzendecke** und erhöht damit die Nutzbarkeit unseres Gartens. Rasen macht den Garten viel interessanter. Ob zum Barfußgehen, Liegen, Picknicken oder Spielen oder auch nur, um das Grün von der Terrasse aus zu beobachten.

Grün soll er sein, saftig und dicht soll er aussehen – unser Rasen im Garten. Doch wenn es allzu lange heiß ist, dann hat der ansonsten so pflegeleichte Rasen zu kämpfen. Aus dem vollen, dunklen Grün wird nach heißen Wochen eine trockene Steppe. Der Blick von der Terrasse in den heimischen Garten ist dann für den Gartenbesitzer überhaupt kein schöner Anblick und beunruhigt ihn.

Aber **keine Panik**: Alles halb so wild, der Rasen ist auf keinen Fall kaputt. Denn Rasen ist sehr strapazierfähig und erholt sich doch recht schnell wieder. Ist der Rasen in einer akuten Hitzeperiode aber schon geschädigt, kann man allerdings nicht viel mehr tun, als auf Regen zu warten.

Grün wird der Rasen nach zwei, drei kräftigen Regentagen ganz von selbst wieder. An besonders verbrannten und ausgedörrten

trocken und ausgedörrt im Vergleich zu saftigem Rasen

Stellen können Sie dann mit einer speziellen **Grasmischung** nachsäen. Wirkungsvoller ist das Nachsäen, wenn der Boden locker ist. Deshalb empfiehlt es sich, den Rasen und die Bodenschicht darunter aufzulockern. Das geht sehr gut mit einem so genannten **Vertikutierer**, den man auch ausleihen kann.

Vorsorge ist besser als Nachsorge: Deshalb schenken Sie Ihrem Rasen bereits vor der Trockenperiode ein wenig Aufmerksamkeit. Der beste Zeitpunkt zum Vertikutieren, als jährliche Pflegemaßnahme und nicht als Nothilfe für den verdörrten Sommerrasen, ist nämlich das Frühjahr, wenn es trocken ist. Im Sommer besteht die Gefahr, den bereits strapazierten Rasen zu verletzen, und im Herbst läuft man Gefahr, dass der Rasen nicht rasch genug wieder dicht zusammenwächst. Früher Frost kann dann die offen liegenden Wurzeln angreifen oder gar zerstören.

Wenn es einige Tage geregnet hat und der Rasen sich

Eine so strapazierte Rasenfläche sollten Sie großzügig wässern: alle drei Tage etwa 30 l pro m^2.

bereits ein wenig von seinen Trockenschäden erholt hat, dann sollten Sie Ihre Wiese auf jeden Fall auch mit einem **Spezial-Rasen-Dünger** verwöhnen. Diese Spezial-Rasen-Dünger für den Herbst machen Ihren Rasen kräftiger und damit winterfest. Besondere Nährstoffe helfen Ihrem Grün dabei, wieder saftig auszusehen.

Sinnvoll ist es, den Rasen bereits im **Frühjahr sommer- oder hitzefest** zu machen. Sie sollten Ihr Gras z. B. nicht zu kurz mähen. 5 Zentimeter sind eine ideale Länge, denn so spenden sich die Halme noch gegenseitig Schatten. Düngen Sie bereits im Frühjahr Ihren Rasen. Auch wenn er schon dicht und voll aussieht, ein spezieller Rasen-Dünger versorgt Ihr Grün mit Nährstoffen in ausreichendem Maß und macht es dadurch widerstandsfähiger.

Natürlich müssen Sie Ihren Rasen auch regelmäßig, ausreichend und angemessen bewässern. Doch sogar beim strapazierfähigen Rasen gilt: gewusst wie! Richtig ist es, den Rasen **nur alle drei Tage zu sprengen**, dann aber großzügig. Etwa **30 Liter** pro Quadratmeter sind optimal. Jeden Tag ein bisschen die Wiese beregnen, das tut ihr nicht gut. Das Gras muss das Wasser in den Wurzeln speichern können, sonst nutzt es nichts. Bei Böschungen tritt ein weiteres Problem auf. Hangwasser läuft einfach ab. Der Rasen auf der Böschung hat überhaupt keinen Nutzen davon. Entweder kümmern

TIPPS

Pflegetipps für Rasen an sonnenexponierten, trockenen Stellen:

- ✔ **Mischen Sie vor dem Säen gewaschenen Quarzsand in vor allem schwere und lehmige Böden. Der Quarzsand fördert die Luft- und Wasserdurchlässigkeit.**
- ✔ **Säen Sie direkt eine Rasenmischung mit hohem Anteil an strapazierfähigen, hitzegeeigneten Schwingelgräsern (Festuca-Arten)**
- ✔ **Schneiden Sie Ihren Rasen nicht kürzer als ideale 5 cm.**
- ✔ **Denken Sie mal über eine Bewässerungsanlage nach.**
- ✔ **Bei ersten braunen Stellen: sofort gießen!**
- ✔ **Vertikutieren Sie im Frühjahr.**

Sie sich ganz intensiv um Ihren **Böschungsrasen**, oder Sie entscheiden sich beim Säen schon für einen sehr unkomplizierten und anspruchslosen Landschaftsrasen mit nur 1 bis 2 Schnitten im Jahr.

Wenn Sie einen Rasen neu anlegen wollen, wählen Sie eine besonders **trockenheitsresistente Sorte** mit ganz speziellen Gräsermischungen. Dieser Rasen verliert auch bei langer Hitzeperiode und ohne Bewässerung seine grüne Farbe nicht so schnell. Will man bei der Neuanlage auf Nummer sicher gehen, so kann man auch fertigen Rollrasen verwenden. Auch hier gibt es im Fachhandel Mischungen, die gut mit Trockenheit klar kommen. Wichtig ist aber: Ob frisch ausgesät oder Rollrasen – bis Ihr Rasen richtig angewachsen ist und ein gutes Wurzelwerk entwickelt hat, muss er ausreichend mit Wasser versorgt werden.

Damit sich Ihr Rasen dicht entwickeln kann, muss natürlich auch **der Boden stimmen**. Schwere Böden verschlämmen leicht und haben die ungünstige Eigenschaft, sich zu verdichten. Bodenverdichtung und Luftmangel führen dazu, dass sich die Wurzeln nicht genügend ausbreiten können. Deshalb sollten Sie bei solcher Bodenbeschaffenheit umso mehr für eine gute Belüftung sorgen und gleichzeitig zum Vertikutieren auch Quarzsand einarbeiten.

Feng-Shui im Garten

Für die Feng-Shui-Anhänger ist der Garten Lebensraum und soll Kraft, Ruhe und Zufriedenheit spenden.

Feng-Shui heißt übersetzt **Wind** und **Wasser** und symbolisiert die Verbindung zwischen **Himmel** und **Erde**. Feng-Shui ist eine alte chinesische Harmonielehre, die bereits vor mehr als 5000 Jahren entstand. Hinter dieser Harmonielehre steckt eine komplette Lebensphilosophie.

Die Lehre des Feng-Shui geht davon aus, dass es immer eine Wechselwirkung zwischen dem Menschen und seinem Lebensraum gibt und dass die bewusste harmonische Gestaltung der Umgebung Energie, das so genannte **Ch'i**, freisetzen kann. Diese freigesetzte Energie kommt dem Menschen dann direkt zugute und spendet ihm **Kraft**, **Ruhe** und **Zufriedenheit**.

Natürlich ist auch der Garten, der Balkon oder die Terrasse einer unserer Lebensräume. Deshalb sind die Anhänger des Feng-Shui überzeugt, dass bei deren Gestaltung einige **Grundregeln** unbedingt beachtet werden müssen. Diese Regeln sind nicht einfach eine nach der anderen abzuarbeiten, sondern folgen einem recht umfangreichen, ausgeklügelten System. Wer sich dafür entscheidet, seinen Garten nach den Anforderungen des Feng-Shui umzugestalten, sollte auf jeden Fall einen Feng-Shui-Experten zu Rate ziehen – wenn schon, denn schon! Unter **www.Feng-Shui-Company.de** erhalten Sie weitere Informationen und Hilfestellungen.

Die Gestaltung des Gartens erfolgt sehr individuell. Die Feng-Shui Regeln werden immer auch an die lokalen Standortbedingungen angepasst, ganz in Absprache mit den Nutzungsbedürfnissen des Gartenbesitzers. Außerdem berücksichtigen Feng-Shui-Berater auch das Geburtsdatum des Gartenbesitzers. Hieraus ergeben sich Hinweise in Bezug auf die Himmelsrichtungen, Formen und Farben.

Bei der Planung eines Feng-Shui-Gartens wird der Garten in verschiedene Zonen eingeteilt: die so genannten **Baguas**. Die Bagua-Zonen symbolisieren verschiedene Lebensstadien oder -themen wie Familie, Karriere, Reichtum, Partnerschaft oder Kreativität. Die Baguas sollen sich im Garten auf jeden Fall wiederfinden, denn diese Themen und Stadien sind wie Puzzleteile unseres Lebens.

Der Garten soll zum Spiegelbild der Bedürfnisse werden.

Beispiele veranschaulichen den lebensphilosophischen Hintergrund: Wasser sprudelt etwa symbolisch für Geld und steht damit für den Karriere/Reichtum-Bereich. Im Familienbereich gibt es einen großen Esstisch, um den sich die Familie regelmäßig versammelt. Der Garten wird also zu einer Art Spiegelbild der Bedürfnisse und Wünsche des Gartenbesitzers.

Farben und Formen der Pflanzen etwa werden nach der Yin-Yang-Lehre (weiblich/männlich) unterteilt und so miteinander kombiniert, dass ein Gefühl von Ausgeglichenheit und Ruhe entsteht; abgestimmt auf den jeweiligen Bewohner/Nutzer des Gartens.

Die fünf Elemente: Holz, Feuer, Erde, Metall und Wasser spielen ebenfalls eine große Rolle. Sie sollen harmonisch und nach individuellen Maßstäben angepasst sein. Pflanzen, Farben und Accessoires werden den fünf Elementen zugeordnet. Das Element **Holz** findet seinen Ausdruck im Wachholder, in den Farben Grün, Hell- bis Mittelblau und Blauviolett und alles, was aus Holz ist oder schlank in die Höhe strebt, passt als Gartenrequisite. Zu **Feuer** passt die Fackellilie, Rottöne und Leuchten. **Erde** findet ihre Ent-

TIPPS

Merkmale eines Feng Shui-Gartens:

- ✔ Wasser (in Form von Teichen, Wasserspielen oder Fontänen)
- ✔ Steine (in Form von geschwungenen Wegen, Skulpturen oder Mosaiken)
- ✔ keine großen, geradlinigen Rasenflächen, keine langen geraden Wege
- ✔ keine hohen Mauern oder Zäune
- ✔ viele Accessoires wie Windspiele, Spiegel, Vogeltränken, Leuchten, Klangspiele etc.
- ✔ Symbole wie Schildkröten, Tiger, Vögel und Drachen

sprechung im Steinkraut, in Gelbtönen und Gefäßen aus Ton. Die Farben des **Metalls** sind Weiß, Silber und Gold, die Buchskugel, das typische Metallgewächs und Metall- und Kugelaccessoires sind die entsprechenden Gegenstände. Für das Element **Wasser** stehen Schwarz und Dunkelblau, bewegtes und stehendes Wasser, logisch, und als Pflanzen alle mit gewellten Blättern oder Trieben, wie die gewellte Funkie.

Häufig auftauchende, schöne und verspielte Formen sind **Labyrinthe** und **Spiralen**. Seit Jahrtausenden faszinieren diese Formen die Menschheit. Beim Labyrinth ist übrigens nicht der Irrgarten gemeint, bei dem es viele Sackgassen gibt. Gemeint ist der klassische Irrgarten, der nur einen einzigen, verschlungenen Pfad im Zentrum aufweist. Dieses klassische Labyrinth steht für den ewigen Fluss des Lebens, beide – Labyrinth und Spirale – für pulsierende Energie. Sollten auch Sie diese Form mögen, ein kleiner Tipp für die Umsetzung: Machen Sie sich eine Zeichnung, bevor Sie beginnen, und legen Sie Ihre Form danach vielleicht mit Sägespänen aus. Sehr schön und zugleich nützlich sind z. B. Kräuterspiralen.

Der Feng-Shui-Garten soll auch ein **Garten der Sinne** sein: Wer ihn betritt, macht Geräusche zum Beispiel auf einem Kiesweg, ein Wasserspiel oder eine Fontäne plätschern, ein Klangspiel erzeugt bei Wind Töne, Skulpturen lenken den Blick auf sich, Lavendel und andere Pflanzen duften.

Schul- und Erlebnisgärten

Hier wird gelehrt, gelernt, gepflanzt. In allen Schul- und Erlebnisgärten sollen Kinder und Jugendliche Natur erleben können. Wir haben drei für Sie ausgewählt, die wir Ihnen vorstellen möchten.

Auf 5 ha erleben Kinder- und Jugendliche hier die Natur.

Finkens Garten ist ein Naturgarten der **Stadt Köln in Rodenkirchen**. Auf 5 Hektar haben Kinder- und Jugendliche die Gelegenheit, Natur zu erleben. Hier wird Natur nicht nur gesehen, sondern auch gefühlt und geschmeckt. Einmal im Jahr wird die **Kinderpflanze** des Jahres ernannt. 2003 Jahr waren es die Rattenschwänze – ein altes englisches Gemüse, das kaum noch jemand kennt. Besucherkinder in Rodenkirchen haben es sich schmecken lassen. Es ist eine Mischung aus Rettich und Radieschen, wächst aber oberirdisch. Außer für ungewöhnliches Gemüse ist Finkens Garten die Heimat von **110 Vogelarten**, damit schon fast ein ornithologisches Paradies. 74 Zikadenarten teilen sich ihr Zuhause mit 447 Käfern und 148 Schmetterlingsarten. Großen Spaß macht der **Nasengarten**. Keine Sorge, auch wenn es in Finkens Garten viele längst verschollene und unbekannte Pflanzen zu entdecken gibt, Nasen werden selbst hier nicht gepflanzt. Im Nasengarten wird unser Geruchsorgan auf die Probe gestellt. Mehr als **60 Duftpflanzen** verwöhnen und prüfen unseren Geruchssinn: Von der Kaugummipflanze bis hin zum Gummibärchengewächs ist alles

dabei. Regelmäßige **Führungen** für Kindergärten und Schulen sowie **Spezialveranstaltungen** bringen den Kleinen die Natur und ihre Umwelt näher. Führungen finden übrigens das ganze Jahr über statt. Denn auch im Winter gibt es in Finkens Garten genug zu entdecken und zu beobachten, z. B. die winterliche Vogelfütterung! Natur- oder Erlebnisspiele und Aktivitäten für alle Sinne machen den Kleinen Spaß, aber mal ganz ehrlich, uns Großen auch, verlassen Sie sich auf mich.

Die **Naturschule Aggerbogen** bzw. der Landschaftsgarten Aggerbogen liegt – wie der Name schon sagt – direkt an der Agger. Vor vielen Jahren beschloss die **Stadt Lohmar**, etwa 16 Hektar im Ortsteil Wahlscheid zu renaturieren. Damals schauten sich die Bürger das Experiment mit großer Skepsis an, heute ist die Bevölkerung stolz auf „ihr" Stück Natur, und für die Schulen und Kindergärten im Umkreis ist der Landschaftsgarten **fester Bestandteil des Lehrplans** geworden.

Bei Wind und Wetter sind die Kinder im Aggerbogen aktiv.

Im Landschaftgarten Aggerbogen ver-

Der Landschaftsgarten Aggerbogen hat viele tatkräftige Freunde, die sich an Projekten – wie hier bei der Anlage des Schmetterlingsgartens – beteiligen.

schwand der Asphalt. Ein Teich wurde angelegt und ein Altarmzugang zur Agger geschaffen. Auf einer Streuobstwiese sind einheimische Apfel- und Birnensorten kultiviert worden. Am Ende waren es mehr als **20000 Bäume und Sträucher**, die neu gepflanzt wurden und den Grundstock für ein kleines Stück echter Natur bilden.

Als mehr und mehr Besucher kamen renovierte man ein altes Sportlerheim auf dem Gelände, um bei schlechtem Wetter eine Unterkunft zu haben, und so entstand die **Naturschule**. Einige Jahre später wurde dort ein richtiges **Ökolabor** eingerichtet, in dem Kinder Wasserproben untersuchen können und erfahren, wie Brot und Butter gemacht werden. Als der Landschaftgarten damals entstand, kamen gerade mal 325 Besucher im ersten Jahr; heute sind es jährlich mehr als 5 000. Biologieleistungskurse nutzen das Gelände, um Bio-Unterricht zum Anfassen zu machen. Für **Kinder** der Umgebung gibt es **feste, regelmäßige Gruppen**, für die Kleinsten ab zwei Jahren die „Ökozwerge“, ab vier werden die Kinder dann zu „Aggerfröschen“. Die „Aggerfrösche“ haben schon einige Umwelt- und Förderpreise gewonnen. Hier lernen die Kleinen fürs Leben! Innerhalb des 10-jährigen Bestehens hat sich der Landschaftsgarten erfolgreich entwickelt und das Engagement der Naturschützer Früchte getragen. In der Aggeraue brüten nicht nur Eis- und Wasseramseln. Auch mehr als 15 verschiedene Libellenarten und ein ganz seltener Laufkäfer, der Thelassophilus longicornis, haben ein natürliches Zuhause gefunden. Bemerkenswert ist auch, dass fast **30 geschützte Pflanzen**, die auf der so genannten „Roten Liste“ stehen, also bedroht sind, eine geschützte und funktionierende Lebensumgebung gefunden haben.

Seit vergangenem Jahr gibt es in der Naturschule Aggerbogen einen **Schmetterlings-Traumgarten**. Auf den bin ich auch selbst ein bisschen stolz, denn daran war ich beteiligt. Die meisten heimischen Schmetterlinge sind gefährdet, stehen auf der o. e. „Roten Liste“. Um dem entgegenzuwirken, müssen die Lebensräume der Tagfalter erhalten bzw. neu erschaffen werden. Abwechslungsreiche und vielgestaltige Landschaften und Gärten sind voller Pflanzen und bieten Raupen und Schmetterlingen genügend Nahrung zum Überleben. Deshalb hat die Naturschule Aggerbogen 250 Quadratmeter speziell für die Schmetterlinge geschaffen.

Ein interessantes Programm gibt’s übrigens für alle Altersklassen. Es reicht von Nachtwanderungen über Fledermaus- und Vogelbeobachtungen früh morgens bis zu Schnecken sammeln und Baukursen mit Weiden.

Naturerlebnistage bietet auch die **Freiluga** an – die Freiluft- und Gartenschule. Das knapp 5 Hektar große Gelände der Stadt Köln im **Stadtteil Müngersdorf** wurde bereits 1925 gegründet und steht unter Denkmalschutz. Schon damals schätzte man die Vorteile eines ganzheitlichen, anschaulichen Naturkundeunterrichts mit aktiver körperlicher Betätigung, mit Erholung und Genuss. Als Konrad Adenauer in seiner Funktion als Bürgermeister der Stadt Köln den Grüngürtel anlegen ließ, fanden auch die Stadtkinder Berücksichtigung. Jeder Kölner sollte ein Stück Grün haben, um sich zu erholen, um Sport zu treiben oder gar Ferien zu machen. Der Unterricht der Kölner Stadtkinder wurde teilweise nach draußen verlagert und mit Naturunterricht im Freien verknüpft. Daraus entstand als Erste dieser Einrichtungen die Freiluga, und bis heute hat sie an Beliebtheit bei Schulen und Kindergärten nicht verloren. Als **Umwelterziehungsort** soll vor allem das Umweltbewusstsein gestärkt werden; und zwar indem die Natur erlebt, erforscht, verstanden und geschützt wird.

Natürlich gibt es in den Schulgärten auch Komposter, denn Müll ist nicht gleich Müll.

In der Freiluga wird im Anschauungsunterricht gerochen, geschmeckt und gefühlt. Aus Kräutern basteln die Kinder ein **Kräuterduftmemory** und spielen mit dem Geruch. Gemüse aus den üppigen Gemüsebeeten werden erklärt und dann wird losprobiert, auch mit verbundenen Augen. Beliebt sind u. a. die **Themenbeete**: im „Duftbeet" wachsen Zitronengeranien, Zitronenmelisse, Thymian, Lavendel oder auch Liebstöckl. „Pflanzen wehren sich" – so heißt ein Beet, das mit Vorsicht zu genießen ist. Hier wachsen Brennnessel, Rosen, Brombeeren oder Disteln; Pflanzen eben, die uns Menschen Schmerzen zufügen können.

Gleich daneben geht es weiter mit dem Themenbeet „Heilpflanze". Hat uns die Brennnessel erst juckende Pusteln beschert, dann helfen uns Calendula (oder Ringelblume), Kamille oder Salbei, den

TIPPS

Adressen:

- ✔ **Finkens Garten / Friedrich-Ebert-Str. 49 / 50996 Köln / Tel: 0221-285 73 64**
  E-mail: finkensgarten@netcologne.de
- ✔ **Naturschule Aggerbogen / 53797 Lohmar-Wahlscheid / Tel: 02206-21 43**
  E-mail: manuela.gianetti@t-online.de / www.naturschule-aggerbogen.de
- ✔ **Freiluga / Freiluft- und Gartenschule / Belvederestr. 159 / 50933 Köln / Tel: 0221-249 12**

Schmerz wieder zu lindern. So lernen Kinder, wie wirkungsvoll auch wir Menschen die Natur nutzen können. Und dann gibt's noch das Killerbeet, was natürlich anders heißt, nämlich „Giftpflanzen"; denn die Natur kann gefährlich werden. Wer Pfingstrose, Herbstzeitlose, Stechapfel oder Fingerhut isst, der verdirbt sich den Magen. Die Tollkirsche ist sogar hochgiftig.

Für Kindergartenkinder wie für Schüler wird in der Freiluga die Natur nachhaltig erlebbar gemacht. So ist auch der **Biologieunterricht im Schulungszentrum** angelegt. Nahezu alle Kölner Schüler besuchen den Bio-Unterricht im Laufe ihrer Schulzeit. Wer hier einmal alles über die Biene gelernt hat und danach bei der Honiggewinnung mitmachen durfte, der vergisst das Erlernte nicht so schnell. Die Schüler erfahren, welche Blüten überhaupt für die Bienen interessant sind, wie eine Bienenwabe funktioniert und warum kalt geschleudert wird. Mit Imkerhaube probieren die Schüler alles aus und können zum Schluss den selbst gewonnenen Honig auch noch kosten.

Natur erleben heißt auch, Hand anlegen, was die Kleinen mit großer Hingabe machen.

Fleischfressende Pflanzen

Fettkraut wächst im Warmen das ganze Jahr über.

Eines vorweg: Keine Panik! Menschenfleisch steht nicht auf ihrem Speiseplan!

Sie sind ganz besondere Pflänzchen, sie sehen ungewöhnlich aus und sind das Gegenteil vom Vegetarier. **Karnivoren**, so ihr lateinischer Name – im Volksmund heißen sie ganz einfach **Fleischfressende Pflanzen**.

Sie faszinieren sowohl durch ihr Aussehen als auch durch ihre einzigartige Lebensweise. Gekonnt haben sie sich eine pflanzenuntypische und zusätzliche Nährstoffquelle erschlossen. Mit Genuss und Geschick fangen und verzehren sie Insekten. Das Anlocken ihrer Opfer mit Farben, Düften oder Nektar ist ein typisches Verhalten aller Blütenpflanzen, so sichern sie ihre Fortpflanzung. Bei den Karnivoren werden diese Eigenschaften jedoch zu Fallen. Im richtigen Moment schlagen sie hemmungslos zu, dann gibt es kein Entkommen mehr. Es bilden übrigens nur die Blätter Fallen, nie die Blüten. Denn auch die Karnivoren sind auf die Insekten zur Blütenbestäubung und damit zur Fortpflanzung angewiesen.

Im **Botanischen Garten in Bonn** gibt es die größte Sammlung von Karnivoren in Deutschland. Ein faszinierendes Thema. Aber wer solche Pflanzen zu Hause haben will, der sollte sich mit den Eigenarten dieser **grünen Insektenjäger** gut auskennen. Karnivoren sind nämlich Moorpflanzen und empfindliche Seelen. In der Natur wachsen sie auf extrem nährstoffarmen Böden. Genau deshalb haben sie schließlich die Fähigkeit entwickelt, Insekten zu fangen, um deren Eiweiß zu verwerten.

Ganz unterschiedliche **Fangmethoden** stehen ihnen zur Verfügung. Die **Fallen** sind in zwei Gruppen einzuteilen: in **aktive** und **passive** Fallen. Die Ersteren schließen ihre

Falle schnell oder rollen das Insekt zügig ins Blatt ein. Zweitere sind von ihren Fangmechanismen her raffinierter gebaut.

Die Klebefalle: Die klebrig-glitzerigen Blätter vom Sonnentau beeindrucken nicht nur Kinder. Sie können sie zum Vorführen ja mal mit Käse füttern und werden sehen – über Nacht ist der Leckerbissen eingerollt und wird verzehrt.

Die Venusfliegenfalle gehört zu den beliebtesten Karnivorenarten.

Die Klappfalle: Die berühmteste Pflanze unter den Fleischfressern ist die Venusfliegenfalle mit ihren schnellen Klappmechanismen. Wenn die kleinen zarten Füllhaare zum zweiten Mal berührt werden, klappt die Falle zu. Und zwar in einem Bruchteil einer Sekunde. Keine Angst: Es tut nicht weh, macht aber Spaß.

Die Saugfalle beim Wasserschlauch (lat. Utricularia): Der fleischfressende Wasserschlauch besitzt Bläschen mit Unterdruck, die entlang der Wurzeln angeordnet und mit einer Klappe versehen sind. Empfindliche Härchen, fast wie Wimpern, steuern die Öffnung.

Die Gleitfalle der Sarracenia: Die Blätter sehen aus wie Kannen, Röhren oder Vasen und bilden Fallen, aus denen die Beute nicht mehr entweichen kann, weil sich oben ein Deckel schließt. Der Fang selbst geschieht passiv. Die Beute wird über Nektar und die auffälligen Farben angelockt, geht in die Falle und dann gibt es kein Entkommen mehr. Wenn man den langen Schlauch der Sarracenia, der Schlauchpflanze, ab- und aufschneidet, wird klar, wie hungrig so manche Pflanze sein kann. Wie viel Beute solche Pflanzen übers Jahr machen, kann man sehen, wenn man ihre Fallgrube aufschneidet. Bis oben hin ist die Grube voll mit toten Fliegen, Motten und Wespen. Als Abfall bleibt die Chitin-Hülle der Tiere übrig, die Nährstoffe darin hat die Pflanze längst verwertet.

Die Reusenfalle der Genlisea: Die Genlisea lebt im Schlamm oder in feuchtem Boden. Ihre Fallen sehen aus wie spiralförmige Röhren, in die winzige Beutetiere eindringen. Ist das Insekt einmal in der Röhrenfalle, gibt es kein Zurück mehr. Durch „gegen den Strich" gewachsene Härchen in der Innenseite können die Insekten nur einen Weg einschlagen, den Weg ins Verderben. Es führt sie auf ihrer Wanderung durch die Pflanze in eine Kammer, in der sie langsam verdaut und assimiliert werden.

So unterschiedlich die Karnivoren auch aussehen und im Detail auch unterschiedliche Eigenschaft haben, so kann man doch **einige Pflege- und Behandlungstipps** verallgemeinern, die Sie bei der Kultivierung Fleischfressender Pflanzen bedenken sollten.

Nahezu alle wünschen sich **sehr viel Licht**. Obwohl sie Insekten fangen und verspeisen, betreiben auch die Fleischfressenden Pflanzen Photosynthese. Die Photosynthese ermöglicht der Pflanze die Bildung der energiereichen Zuckerstoffe. Die Beutetiere liefern den Karnivoren hingegen unter anderem **Stickstoff**, den sich andere Pflanzen

Die rote Schlauchpflanze kann im Winter problemlos bis -12°C vertragen.

Nepenthes müssen Sie stets feucht halten und nur mit Regenwasser oder destilliertem Wasser gießen.

aus dem Boden holen. Stickstoff dient den Pflanzen zur Herstellung von Eiweißen. Licht ja, direkte Sonne nein, gilt einzig für die Gattungen Pinguicula und Nepenthes. Diese bevorzugen eher indirektes Licht.

Hinsichtlich der **Temperatur** geben sich die pflanzlichen Fleischfresser tolerant. Dennoch sollte man Rücksicht auf die generellen Temperaturwünsche der Pflanzen nehmen. Je mehr Bedingungen des natürlichen Lebensraumes sie berücksichtigen können, umso länger werden Sie Freude an Ihren Karnivoren haben.

Wasser und **Wasserqualität** sind sehr wichtig für die Pflanzen. Sie leben ja auch in überwiegend feuchten Böden, was sie anspruchsvoll gemacht hat in Bezug auf Menge und Qualität. Verwenden Sie idealerweise nur Regenwasser aus einer möglichst unbelasteten Umgebung. Vermeiden Sie unter allen Umständen handelsübliches Mineralwasser, desgleichen Quellwasser und Brunnenwasser, da dieses Wasser zu viele Mineralien für die Fleischfresser hat. Die Luftfeuchtigkeit spielt mit Ausnahme der Pflanzen aus tropischen Klimagebieten keine so große Rolle.

Verwenden Sie **kein Standard-Substrat**, damit kommen die ungewöhnlichen Gewächse nicht klar. Das Substrat darf keinerlei Beimengung oder Anreicherung wie Algen, Mist, Mineraldünger oder organischen Dünger enthalten. Inhalt des Substrats für die Fleischfresser sind Weißtorf, Schwarztorf, Torfmoos, Kokosfaser, Farnwurzel und manchmal auch Muttererde. Also, nicht vergessen, so komisch es sich auch anhört: Das Substrat muss nährstoffarm und schwach mineralhaltig sein. Übrigens verlangen die Gewächse viel Substrat, was Ihnen zur Pflanzengröße vielleicht unverhältnismäßig vorkommt, dennoch halten Sie sich an empfohlene Mengen.

TIPPS

Pflanz- und Pflegetipps auf einen Blick:

- ✔ Im Garten kann man frostfeste Arten am besten in einem Sumpfbeet halten.
- ✔ Im Haus am günstigsten in einem Wintergarten oder einem Terrarium.
- ✔ Unbedingt Torf als Erde verwenden.
- ✔ Sie benötigen ein überproportional großes Gefäß.
- ✔ viel Licht: Venusfliegenfalle, Sonnentau und Schlauchpflanzen lieben eher feuchtes als trockenes Klima.
- ✔ Nicht mit kalkhaltigem Leitungswasser gießen, sondern unbedingt immer nur mit weichem Regenwasser oder destilliertem Wasser. Sonst gehen die Pflanzen sofort kaputt!
- ✔ Nicht düngen – nur ganz wenige Karnivoren können Dünger vertragen.

Fleischfressende Pflanzen können sowohl im Garten, in Gewächshäusern, im Wintergarten oder im Haus kultiviert werden. Beachten müssen Sie aber, dass die Pflanzenauswahl zum gewählten Standort passt. Im Garten können Sie ein Sumpfbeet, ein Biotop, anlegen. Das ist nicht nur die richtige Umgebung, sondern sieht zugleich auch gut aus und liegt ganz im Trend. Ein Gewächshaus ist der ideale Ort für die meisten Fleischfresser, vor allem, wenn es in einen kalten, gemäßigten und warmen Bereich unterteilt ist. Ein Wintergarten hat den Vorteil, dass er immer sehr lichtdurchflutet ist. Im Haus können Sie außer einzelne Pflanzentöpfe auch ein Terrarium anlegen. Das sieht gut und interessant aus und hat den Vorteil, dass Sie verschiedene Pflanzen mit gleichen Ansprüchen kombinieren können. Das Terrarium kann auf dem Balkon oder auf der Fensterbank stehen und notfalls auch mit zwei, drei speziellen Leuchtstoffröhren beschienen werden. Der Boden des Terrariums besteht aus einigen Zentimetern dränierenden Blähtons und darüber gehören etwa 15 Zentimeter Substrat.

Für alle fleischfressenden Planzen gilt: in Relation zur Größe brauchen sie viel Substrat!

Kompost – das grüne Gold

Komposter haben überall Platz und helfen Ihnen, gute Erde selbst herzustellen.

Abfall muss nicht Abfall sein! Weder im Garten, noch im Haushalt! Gemähtes Gras, Heckenzweige und Äste aus dem Garten, ebenso wie Kartoffel-, Obst- und Gemüseschalen, die beim Kochen anfallen, müssen nicht in die Mülltonne. **Organischer Müll** ist zum Wegwerfen viel zu schade.

Recycling ist auch im Garten angesagt: Schmeißen Sie Ihren organischen Müll nicht in die Tonne, sondern auf den Kompost, dem **grünen Gold des Gärtners**. Dort können Sie dem Abfall neues Leben einhauchen – aus dem Müll wird **nährstoffreiche Erde**. Und weil all unsere Pflanzen ihre Nahrung aus dem Boden beziehen, ist gerade die Erde sehr wichtig.

Im Garten, aber durchaus auch auf einer großen Terrasse, stellt man einfach einen **Kompostierer** auf. Es gibt verschiedene Modelle, allen gemein ist: **Müll wird zu Nahrung**. Ihre Pflanzen und Ihr Portemonnaie werden es Ihnen danken. Damit das Recycling-Projekt im Garten auch gelingt, sollte man auf folgende Punkte achten:

Der Kompost sollte den **richtigen Standort** haben. Im Idealfall im Halbschatten, geschützt vor zu viel Sonne und Regen. Unbedingt muss die Erde darunter aufgelockert werden.

Es gibt verschiedene Möglichkeiten zu kompostieren. Gartencenter bieten in der Regel **verschiedene Behältnisse zum Kompostieren** an. Sie können aus Metall, (recyceltem) Kunststoff oder Holz sein. Es gibt außerdem geschlossene sowie offene Kompostierer.
Tipps dazu erübrigen sich, bzw. die Nase entscheidet: Auf der Terrasse oder in kleinen Gärten eignen sich natürlich geschlossene Behälter deutlich besser. Dann liegt nicht immer der doch recht gewöhnungsbedürftige Verrottungsgeruch in der Luft und hinzu kommt, dass der ganze Prozess im geschlossenen Behälter schneller zum Erfolg führt.

Achtsam sollte man mit der Feuchtigkeit im Kompostierer sein. Die Feuchtigkeit lässt sich in einem geschlossenen Behältnis deutlich schlechter regulieren als in einem offenen. Testen Sie den **Feuchtigkeitszustand** Ihres Komposts schnell und regelmäßig selbst: Nehmen Sie eine Hand voll Komposterde, drücken Sie sie in Ihrer Faust zusammen. Nun sollten einige Tropfen Feuchtigkeit durch Ihre Finger laufen. Es darf weder richtig nass zu Boden tropfen, noch darf es in den Fingern trocken bleiben.

In der äußeren Schicht ist der Kompost üblicherweise gut belüftet, bleibt aber kühl. Innen hingegen entsteht oft eine sauerstoffarme Verdichtungszone, die meist schlechter verrottet. Diesen Bereich erkennen Sie in Ihrem Kompost ganz leicht daran, dass er schmierig und oft schwarz gefärbt ist und unangenehm riecht. Hier müssen Sie unbedingt für Belüftung sorgen. Sie können z. B.

Grobe Gartenabfälle sollten vor dem Kompostieren zerkleinert werden.

einen dicken Pflock an mehreren Stellen hineinschlagen. Nach dem Rausziehen verbleiben Belüftungsschächte. Oder Sie legen dauerhaft Dränageröhren von oben bis zur Mitte des Komposts.

Kompostieren ist wie Cocktailmixen: Die Zutaten sind wichtig, aber – die Mischung macht's! Gartenabfälle wie Gras, Heckenschnitt, Äste und Zweige, verwelkte Blumen, Gemüse und Obstschalen, Eierschalen, Kaffeesatz! Das alles ist wunderbar kompostierbar. Unkraut, kranke Pflanzen, gekochte Essenreste, Fleisch- und Fischabfälle, Knochen, Glas, Papier, Steine, Metall, Leder, Fäkalien – all das hat auf dem Kompost rein gar nichts zu suchen. Das Wort Kompost stammt vom lateinischen „componere" ab und bedeutet soviel wie Zusammengesetztes. Und aus Erfahrung kann man sagen, je zusammengesetzter Ihr Kompost ist, umso besser wird das Ergebnis.

Was auf dem Kompost landet, sollte **zerkleinert** werden! Je besser das Material zerkleinert ist, umso rascher beginnt die Zersetzung. Das gilt vor allem für Holzabfälle. Gut ist es, die Holzabfälle zunächst im Häcksler zu zerkleinern und sie dann erst auf den Kompost zu werfen.

Eine Beigabe von **Gesteinsmehl** in den Kompost bindet die Nährstoffe und verhindert einen zu starken Geruch. Besteht der Kompost überwiegend aus trockenem und holzigem Inhalt, ist eine Stickstoff-Ergänzung sinnvoll. Den Rotteprozess kann man schneller in Gang bringen, indem man einen handelsüblichen Kompoststarter hinzufügt.

TIPPS

Die 5 goldenen Regeln des Kompostierens:

- ✔ **Der Kompostplatz sollte gut zugänglich und gegen Sonne und Regen geschützt sein.**
- ✔ **Werfen Sie nur pflanzliche Abfälle oder abgelagerten Mist von Nutztieren auf den Kompost.**
- ✔ **Zerkleinern Sie größere Teile auf 5 bis 10 cm.**
- ✔ **Im normalen Kompost ist eine gute Durchmischung der Materialien am besten für die Rotte.**
- ✔ **Eine Unterlage aus sperrigen Materialien verbessert die Luftzufuhr, klein gehäckseltes Stroh saugt zusätzlich ausgewaschene Nährstoffe auf.**

Die **Komposternte** kann schon nach ca. sechs Wochen beginnen. Dann können Sie Ihre Beete bereits mit frischem Humus düngen. Vor dem Verteilen des Humus auf dem Beet, muss man ihn durchsieben und grobe Stücke einfach zurück auf den Kompost geben. Bis zur Endreife des Komposts dauert es noch etwa sechs Monate. Den ausgereiften Kompost erkennt man übrigens am **würzigen Duft nach Walderde**. Mit einem Kressetest kann man ganz leicht feststellen, ob der Kompost reif ist. Streuen Sie Kressesamen auf eine Schale mit Komposterde. Sind die Samen nach drei Tagen angegangen, können Sie Ihren gesamten Garten mit dem fertigen Kompost verwöhnen.

Solche geschlossenen Komposter beschleunigen den Rotteprozess und schonen unsere Nase.

Grabgestaltung

Bei einem Spaziergang über einen großen Friedhof sieht man ganz unterschiedliche Grabgestaltungen. Das Grab wird als **kleine gärtnerische Einheit** von den Hinterbliebenen gestaltet und gepflegt. An einem Ort der Besinnlichkeit und Stille, dem Friedhof, vermischen sich unterschiedliche Kriterien. Wie pflegeintensiv möchte man das Grab gestalten, was mag man selbst, was mochte der Verstorbene besonders gerne? Auch für einen Gärtner ist ein Grab eine große Herausforderung. Eine kleine Fläche soll harmonisch, abwechslungsreich, aber auch pflegeleicht gestaltet werden.

Wenn Sie die Pflege der Gräber Ihrer Angehörigen nicht dem Friedhofsgärtner übergeben wollen, dann sollten Sie sich mit ein paar **Grundregeln** vertraut machen. Bei einer guten und sorgfältigen Pflanzenauswahl und gelungener Gestaltung kann ein Grab zehn und mehr Jahre ohne große Veränderungen unterhalten werden. Und die Pflege beschränkt sich auf das Gießen an heißen Sommertagen, auf den Rückschnitt der Gehölze und auf das Austauschen der Blumen zu den jeweiligen Jahreszeiten.

Die **Rahmenbepflanzung** und die **Bodendecker** machen knapp 70 Prozent der Grabfläche aus. Diese Bepflanzung bleibt ganzjährig stehen, weshalb wintergrüne Gehölze gewählt werden sollten. Gehölze und Stauden wie Buchsbaum, Kiefer, Bergenien, Gräser oder Stechpalme bilden die Rahmenbepflanzung, die eine harmonische Verbindung zwischen dem Grabstein und der weiteren Bepflanzung herstellen soll. Zwergkiefern sind übrigens recht dankbare und vor allem sehr unempfindliche Vertreter in der Reihe der Rahmenpflanzen. Rahmenbepflanzung gibt der Anlage das Gesicht, so sagt man, sie umrahmt den Stein, betont ihn, mildert seine Wirkung oder verbindet die individuelle Grabstelle mit der Umgebung.

Bodendecker – das sind Gehölze wie Zwergmispel, Kriechspindel oder Teppichbeere – wachsen flach und mehr in die Breite als in die Höhe. Sie bilden schnell eine **dichte, grüne Decke**, halten das Unkraut zurück und den Boden länger feucht. Und gerade das ist ja bei der Grabbepflanzung ein sehr wichtiges Kriterium. Damit die letzte Ruhestätte auch ruhig wird, sei empfohlen, nicht zu viele verschiedene Sorten von Bodendeckerpflanzen zu mischen. Hier gilt durchaus die Devise: **Weniger ist oft mehr!** Diese Gewächse sollten in der Regel eine Wuchshöhe von durchschnittlich 5 bis 25 Zentimetern nicht überschreiten.

links:
Hier ein gelungenes Bespiel von Grabbepflanzung, die den Stein hervorheben soll.

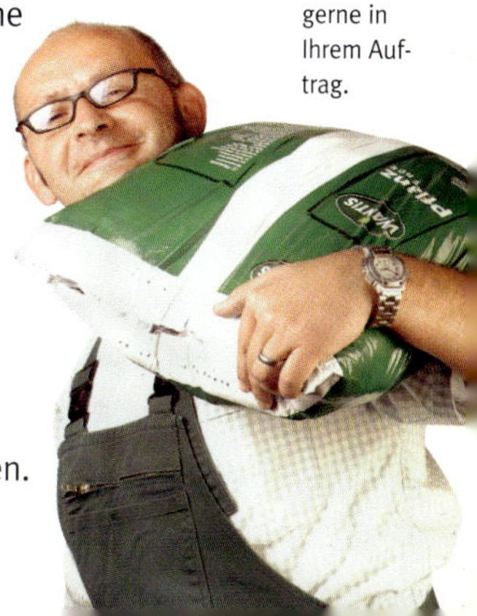

Friedhofsgärtnereien pflegen die Grabstätten gerne in Ihrem Auftrag.

Ein kleiner Tipp erleichtert die Bepflanzung des Bodens: Stecken Sie die Bodendecker wie Kriechmispel (Cotoniester damari), das am häufigsten verwendete Gewächs, mit Draht im Boden fest. Dann wachsen sie wie ein Teppich in die Breite und gar nicht in die Höhe. Die Rahmenbepflanzung muss nicht unbedingt bis an die Begrenzungen des Grabes gehen. Man kann sie auch im vorderen Bereich des Grabes auslaufen lassen und mit einem zusätzlichen Gehölz einen Akzent setzen. Dieser Trick dient auch dazu, langen Gräbern optisch mehr Tiefe zu verleihen.

Wechselbeete können Sie jahreszeitlich gestalten, und sie bilden immer einen schönen Farbklecks.

Es hört sich selbstverständlich an, aber es ist in der Tat ein ganz **üblicher Fehler: Zu volle Bepflanzung**, weil man sich zu Beginn nicht beschränkt hat. Die Pflanzen wachsen. Wenn Sie also mit der Grabgestaltung beginnen, sollten Sie stets im Hinterkopf haben, dass sich Ihre Bepflanzung ausbreiten wird und sich selbstverständlich auch so Lücken schließen. Doch mit dem dicht bepflanzten Grund, ist das Grab natürlich noch nicht ausreichend gestaltet. Bodendecker stellen sozusagen das gärtnerische Fundament dar, doch mit der Wechselbepflanzung bekommt das Grab erst die gewünschte Ausgestaltung. Farbenfroh und kreativ kann es im Wechselbeet zugehen. Das Wechsel-

TIPPS

Symbolpflanzen für das Grab:

Pflanze	*Symbol*
Gänseblümchen	**Bescheidenheit**
Rose	**Liebe**
Lilie	**Reinheit, Unbeflecktheit**
Efeu u. a.	**immerwährendes Leben wie alle Immergrünen**
Eibe	**Totenpflanze**
Golderdbeere u. a.	**Dreifaltigkeit wegen des dreigeteilten Laubes**
Distel	**Leid und Schmerz**
Stechpalme	**Leid und Schmerz**

beet ist eine kleine Fläche – meist in der Mitte des Grabes – die etwa ein Viertel der Grabfläche einnehmen kann und traditionell zu jeder Jahreszeit umdekoriert wird. Es ist ein farbenfroher Akzent auf dem Grab. Stiefmütterchen, Hornveilchen, Vergissmeinnicht, Bellis und auch Ranunkeln bilden das Hauptsortiment der Wechselbepflanzung im Frühjahr. Begonien, Fuchsien, Geranien oder fleißige Lieschen eignen sich sehr gut für die Sommerbepflanzung. Im Herbst und Winter reduziert sich die Blütenfülle. Stiefmütterchen, Hornveilchen, Chrysanthemen, Silberblatt und die verschiedenen Heidearten sind typische Herbst- und Winterpflanzen. Abwechslung bringen verschiedene Stauden und Gräser, die man unter den Begriff „ Herbstzauber" zusammenfasst. Ihr Zierwert besteht aus unterschiedlichen Laubformen und -farben. Als Faustregel für das Wechselbeet gilt: Je einfacher die Form ist, desto leichter lässt es sich pflegen.

Viele, auch für die Grabgestaltung durchaus geeignete Pflanzen führen sehr leicht dazu, die letzte Ruhestätte zu einer Miniausgabe eines botanischen Gartens zu machen. Aber die Grabstellen der verstorbenen Angehörigen sollen nicht Ausdruck des gärtnerischen Geschicks und der botanischen Kenntnisse der Nachkommen sein. Nur **dezente Zurückhaltung** entspricht der Würde des Ortes.

Homöopathie

Die Selbstheilungskräfte der Pflanze sollen gestärkt werden, damit sie in voller Blüte ihre ganze Schönheit entwickeln kann.

Was heißt Homöopathie: Es bedeutet so viel wie **„Heilen mit Ähnlichem“**, etwa wenn Sie z. B. Ihre kalten Hände mit Schnee einreiben, um sie aufzuwärmen. Während die Schulmedizin versucht, Krankheiten mit Medikamenten zu bekämpfen und so den Symptomen entgegenwirkt, bemüht sich die Homöopathie, die Selbstheilungskräfte zu mobilisieren und den Körper darüber zu stärken. Diese Methode sollte natürlich logischerweise für Mensch, Tier und Pflanze gleichermaßen gelten. Was für das eine Lebewesen gut und erfolgreich funktioniert, kann dem anderen ja nicht schaden.

Homöopathische Mittel für Pflanzen, die Sie im Handel erwerben können, bestehen aus Mineralien, Spurenelementen, also Zink, Kupfer und Mangan und Auszügen aus wertvollen Heilpflanzen. Solche Mittel **entgiften den Boden** und **regen den Organismus zur Humusbildung** an.

Ein recht bekanntes Präparat ist Biplantol®, es ist eine Kombination aus Pflanzenauszügen, mineralisch-organischen Düngern und organischem Geranium sowie Uronsäuren, das sind Pflanzenschleime. Dieses Mittel stärkt und unterstützt die Pflanzen auf natürliche Art und Weise.

Pflanzenstärkungsmittel sind z. B. Pflanzenextrakte, Algenprodukte, Huminsäuren, Gesteinsmehle, ätherische Öle, mikrobiologische

Stärken Sie Ihre Pflanzen.

Mittel oder Wachse. Näheres zu den Wirkungsweisen finden Sie unter ➡ **Tipps**.

Experimente beweisen, dass eine **vorbeugende homöopathische Behandlung** dem Pflanzenwuchs sehr zuträglich sein kann. Dem homöopathischen Gärtnern im **Gemüsegarten** kommt eine wichtige Bedeutung zu, denn wer sich mit dem Anbau Mühe gibt, möchte sein gesundes Gemüse ja keinesfalls mit chemischen Substanzen behandeln. Empfohlen wird, bereits bei Aussaat mit den Aktivierungs- und Vitalisierungsmitteln zu beginnen. Man behandelt dann

Der Unterschied ist unbestreitbar: Der Baum vor der homöopathischen Behandlung und danach.

TIPPS

Wirkung der Pflanzenstärkungsmittel:

- ✔ Algenprodukte enthalten Meeresalgen. Ihre Spurenelemente regen den Stoffwechsel an und bilden Phytoalexinen, was das Immunsystem stärkt.
- ✔ Gesteinsmehl und Silikate sind unterschiedlicher Herkunft, meist kalkhaltiges, fossiles organisches Material. Die Kieselsäure wird in den obersten Zellschichten eingebaut und erschwert dadurch das Einwachsen von Pilzsporen. Außerdem ändern kalkhaltige Produkte den pH-Wert.
- ✔ Pflanzenextrakte sind Pflanzenauszüge mit Fettsäuren z. B. Staudenknöterich, Schachtelhalm, Efeu, Rhabarber oder Primeln. Ihre Polysaccaride und Aminosäuren regen auch den Stoffwechsel und das Immunsystem an.

direkt das Saatgut, gießt die Samen und Setzlinge mit entsprechenden homöopathischen Präparaten. Außerdem versorgt man die Erde mit den Wirkstoffen und besprüht später die Pflanzen mit dem Mittel.

Wer homöopathische Mittel selbst herstellen möchte, kann entsprechende ausführliche **Fachliteratur** inkl. Rezepten zu Rate ziehen.

Behandeln Sie Ihre Pflanzen gerne schon vorbeugend homöopathisch! Entsprechende Mittel lassen sich nach Anleitung auch selbst herstellen.

Überwinterung

Auf die **richtige Verpackung** oder das **richtige Winterquartier** kommt es in der kalten Jahreszeit bei vielen Kübelpflanzen an. Ab Mitte Oktober gehen die Temperaturen runter und wenn es nachts den ersten Bodenfrost gibt, dann muss man sich dringend um die Pflanzen auf Terrasse und Balkon kümmern. Schließlich sollen sie ja auch im kommenden Jahr wieder Freude machen. Zunächst einmal sollte man wissen, welche Pflanzen draußen bleiben können und welche rein müssen.

Packen Sie Ihre Pflanzen in einen warmen Wintermantel.

Die **winterharten Pflanzen** sind z. B. viele Stauden und Gehölze im Kübel. Sie kommen am besten über den Winter, wenn sie draußen bleiben. Etwa Bambus, einige Kamelienarten, Palmen, Buchsbäumchen, Feigen, Wollmispel, Kirschlorbeer, Rosenstämmchen, Hortensien (**Achtung:** Hortensien sollten Sie nie stark zurückschneiden, sonst kommen im nächsten Jahr keine neuen Blüten!).

Erkundigen Sie sich im Gartencenter oder bei einem Gärtner, welche Pflanzen „winterhart" sind, das bedeutet, dass sie draußen bleiben können! Trotzdem müssen Sie besonders für eine längere Frostperiode mit Eis und Schnee einige **Vorkehrungen treffen**, die Pflanzen brauchen sozusagen ein Mäntelchen.

Der Grund, warum Sie Ihre **Pflanzen warm einpacken** müssen, ist schnell erklärt:

TIPPS

Überwinterung draußen:

- ✔ Stellen Sie Pflanzen in eine wind- und sonnengeschützte Ecke.
- ✔ Setzen Sie Kübel auf eine Styroporplatte. Das isoliert von unten. Oder auf kleine Tonfüße, die es speziell dafür im Handel zu kaufen gibt. Wenn der Kübel nicht direkt auf dem Boden steht, hält das die Kälte von unten besser ab.
- ✔ Bedecken Sie die Erde mit Rindenmulch, Stroh oder verwelkten Blättern.
- ✔ Packen Sie Topf und Pflanze ein.
  Hier gibt es verschiedene Möglichkeiten:

➡ ein Baustahlgewebe-Gitter (gibt es preiswert im Baumarkt) über die Pflanze stellen, eine Stroh oder Schilfmatte drum herum ziehen und noch eine Styroporplatte obendrauf (am besten mit einem Stein beschweren),

➡ Noppenfolie unten um den Topf, gut festbinden und einen Vliessack oben über die Pflanze ziehen,

➡ eine Kokosmatte um den Topf binden und Stroh zwischen Topf und Matte stopfen,

➡ den Topf in einen Holzkasten oder einen Korb stellen und wieder Stroh zwischen Kasten und Topf stecken.

Noppenfolie oder Kokosmatte, beides schützt den Topf und die Wurzel vor Frost!

rechts: Eine Strohmatte verhindert zu viel Wind und Sonne, denn die Pflanze muss vor Verdunstung geschützt werden.

Wenn im kalten Winter der Wind durch die Blätter streicht oder die Sonne darauf scheint, dann möchten die Pflanzen Wasser verdunsten. Durchgefrorene Wurzelballen liefern aber kein Wasser mehr. Die Folge: Die Pflanze vertrocknet. Das ist der häufigste Grund, warum Pflanzen den Winter nicht überleben und nicht – wie man oft wohl glaubt –, weil sie erfroren sind.

Nicht winterharte Pflanzen müssen reingeholt werden. Aber auch wenn diese Pflanzen Eis und Schnee nicht vertragen können, bedeutet das noch nicht, dass sie unbedingt gerne gemütlich, kuschelig im warmen Wohnzimmer stehen. Das gilt für Zitrusbäumchen, Wandelröschen, Enzianstrauch, Schönmalve, Geranien, Granatapfel, Zylinderputzer, Oleander. Fragen Sie auch hier einen Experten um Rat. Klar ist aber, um über den Winter zu kommen, müssen diese Pflanzen auf jeden Fall hereingeholt werden.

TIPPS

Überwinterung drinnen:

- ✔ **Die Pflanzen sollten alle im Topf unter der Erde eine Drainage aus Kies oder Steinen haben für den Wasserabfluss. Sonst faulen die Wurzeln allzu leicht.**
- ✔ **Überwinterungsplätze sind meist ein Problem, wenn man nicht viel Platz hat. Ein kühler Wintergarten ist der idealste Ort. Aber ein Treppenhaus, ein heller Keller, ein Eingang, das unbeheizte Schlafzimmer oder eine Garage, in die auch Licht fällt, sind gute Alternativen.**
- ✔ **Frostfrei, hell und kühl, das ist wichtig.**
- ✔ **Ab und zu das Gießen nicht vergessen.**
- ✔ **Pflanzen, die ihr Laub im Winter abwerfen, können auch in einem dunklen Keller überwintert werden.**
- ✔ **Pflanzen, die ihr Laub behalten, brauchen Licht.**
- ✔ **Keinesfalls düngen, Pflanzen haben Winterpause.**

Achten Sie, bevor Sie die Pflanzen reinholen, unbedingt auf **Schädlinge**, denn die breiten sich im Winterlager oft explosionsartig aus. Deshalb sollten Sie diese Schädlinge rechtzeitig, also bevor Sie die Pflanze endgültig reinstellen, mit den handelsüblichen Mitteln bekämpfen.

Der Herbst ist auch der ideale Zeitpunkt, um einige groß gewordene Pflanzen wie z. B. den Oleander, das Wandelröschen oder den Hibiskus zurückzuschneiden. Dann brauchen sie im Winterquartier auch nicht so viel Platz. Aber **Achtung** beim Oleander: Kürzen Sie nicht alle Triebe auf einmal ab, sonst blüht er nächstes Jahr nicht. Erstmal nur einen Teil kappen, die anderen Triebe dann im nächsten Herbst.

Bougainvillea, Hibiskus und Asclepieas – die Seidenpflanze – **müssen Sie auch im Winter reinholen**, aber die drei mögen es auch gerne etwas wärmer. Diese Pflanzen können Sie also auch ins beheizte Wohnzimmer stellen. Ansonsten gilt aber eher die Devise: frostfrei, hell und kühl.

Weihnachtssterne

Neue Farbtrends beim Weihnachtsstern – Züchtungen gibt es mittlerweile zweifarbig, beige, aprikot und aubergine.

Ab Ende Oktober und Anfang November tauchen sie plötzlich zahlreich in Gartencentern und Blumenläden auf und dann ist klar: Der Winter und Weihnachten stehen vor der Tür. Die Rede ist vom Weihnachtsstern, dem wohl bekanntesten **Winterblüher**. Längst schon gibt es ihn nicht mehr nur in den traditionellen Farben seiner besonderen Hochblätter – in weiß und vor allem in rot. Neue und trendige Züchtungen sind in aubergine, in aprikot oder auch gleich zweifarbig. Selbst blau gefärbte Weihnachtssterne gibt es im Angebot.

Ihren Namen verdankt die Pflanze einer aztekischen Sage: Die Blutstropfen einer Göttin, die an gebrochenem Herzen starb, benetzten einst die obersten Blätter der Pflanze, färbten sie in das unverwechselbare Rot und gaben ihr so das Aussehen eines Sterns. Deshalb heißt der Weihnachtsstern bei den Franzosen auch das ganze Jahr über „Etoile d'amour" – „Liebesstern" – und wird vor allem gern zu Muttertag verschenkt, um die Weihnachtszeit herum sagt man dann aber „Rose de Noël" – Weihnachtsrose.

Der Weihnachtsstern gehört zu den **Wolfsmilchgewächsen** und kommt eigentlich aus Mexiko. Als Zimmerpflanze mag man ihn dort nicht, dafür aber als bis zu 3 Meter hohen Strauch im Garten. Kein Wunder also, dass er es gerne hell und warm hat. Im Winter wie im Sommer fühlt sich der Weihnachtsstern bei **mindestens 18 Grad** am wohlsten. Er gehört zur Art der Euphorbia pulcherrima, was soviel bedeutet wie die Allerschönste der Euphorbien.

Und diese winterblühende Pflanze hat nun ganz besondere Eigenarten, auf die man Rücksicht nehmen muss, wenn man sie blühend sehen will: Die Weihnachtssterne sind so genannte **Kurztagpflanzen**, die nur dann blühen, wenn sie nicht länger als 12 Stunden im Licht stehen. Anders herum gesagt, bedeutet das, dass ihre Nacht mindestens 12 Stunden lang sein muss. Sie muss also zur Blütenbildung – Induktion nennt das der Fachmann – lange im Dunkeln stehen.

Draußen in der Natur ist das nur im Winter der Fall und deshalb blüht der Weihnachtsstern – in Mexiko, dort wo er herkommt – eben auch nur im Winter.

So wird die Blüte des Weihnachtssterns fast zum Kunstwerk.

Für uns Gärtner ist es nun natürlich kein Problem, diese Pflanzen zu jeder Jahreszeit zum Blühen zu bringen. Sie werden dann im Gewächshaus entsprechend lange verdunkelt. Aber, wie gesagt, bei uns in Deutschland will man sie im Frühjahr und Sommer ja gar nicht haben. Bei den Pflanzen, die Sie schon im Oktober und November kaufen können, ist die Blütenbildung aber auch durch frühzeitige Verdunkelung vorgezogen worden. Die **normale Blütezeit** des Weih-

ein zweifarbiger Weihnachtsstern kombiniert mit Efeu

nachtssterns ist der **Dezember**, eben dann, wenn es tatsächlich mehr als 12 Stunden lang dunkel ist.

Der Laie mag nun glauben, dass die üppigen roten, weißen oder auch gefleckten Blätter ein Teil der Blüte sind, aber das stimmt nicht. Dies sind die so genannten Hochblätter, die Brakteen. Im Zentrum dieser Blätter sitzen die kleinen Blüten. Sie sind wohl eher unauffällig, aber bei genauerem Hinsehen erkennt man, wie interessant sie aufgebaut sind. In jedem Blütchen steckt nämlich ein ganzer Blütenstand.

Bei richtiger **Pflege** blüht der Weihnachtsstern **bis ins Frühjahr** hinein. Er ist mehrjährig und kann dann im Sommer, wenn es draußen wieder warm ist, rausgestellt werden. Es sollte jedoch draußen nicht unter 18 Grad sein. Um ihn im nächsten Winter wieder zum Blühen zu bringen, muss man ihn aber im Spätsommer schon wieder reinholen und dann vor allem auf die lange Verdunkelungsphase achten. Etwa drei Wochen lang muss es für den Weihnachtsstern 12 Stunden dunkel sein, dann beginnt er wieder zu blühen.

Darauf sollten Sie beim Kauf eines Weihnachtssterns achten, damit Sie lange Freude an ihm haben. Lange heißt, mindestens

TIPPS

Pflegehinweise:

- ✔ Viel Licht, ein heller Standort auf der Fensterbank ist ideal.
- ✔ Viel Wärme, auf der Fensterbank über der Heizung gefällt es dem Weihnachtsstern gut.
- ✔ Regelmäßig gießen, die Pflanze sollte stets feucht sein, aber nicht im Wasser stehen
- ✔ Im Winter alle zwei Wochen mit Blumendünger gießen, von Frühjahr bis Herbst wöchentlich düngen.
- ✔ Jährlich einmal im Frühjahr oder Sommer umpflanzen.
- ✔ Hochblätter der Pflanze nicht anfassen, da sie empfindlich sind und schnell faule Stellen bekommen.

bis zum Frühjahr. Die Pflanze sollte ganz frisch sein beim Kauf. Eines der wichtigsten Erkennungsmerkmale dafür ist, dass die Blüten noch im Zentrum der Hochblätter stehen. Sind sie bereits abgeblüht oder gar abgefallen, werden Sie sich nicht lange an Ihrem Weihnachtsstern erfreuen können. Die Pflanze darf keine verfaulten Blätter haben und sollte gut verzweigt und kräftig in der Farbe sein. Achten Sie beim Transport unbedingt auch darauf, die Pflanze vor Kälte zu schützen. Schon auf dem Weg vom Gartencenter oder Blumenladen nach Hause kann der empfindliche Weihnachtsstern, wenn's draußen frostig ist, Schaden nehmen.

Ich bevorzuge den Klassiker – den roten Weihnachtsstern.

Orchideen

Die Blüte einer Phalaenopsis, ein Klassiker unter den Orchideen

Die Maori Neuseelands glauben, dass die Orchideen nicht von dieser Welt sind. Es seien göttliche Pflanzen aus dem Sternengarten. Von dort wären sie ausgeschüttet worden auf Bäume und Berge, um die Ankunft der Götter anzuzeigen.

Ob dem so ist, das sei dahingestellt. Auf jeden Fall aber sind die Orchideen ganz besondere Pflanzen, in vielerlei Hinsicht. Früher waren Orchideen sehr kostspielig, rar und einem elitären Kreis vorbehalten. Heute werden sie im Grunde in jeder Gärtnerei und jedem Blumengeschäft relativ günstig angeboten. Doch von seltener Schönheit sind sie immer noch und erfreuen sich deshalb einer großen Liebhaberschar. Wie viele verschiedene Orchideenarten heute bekannt sind, ist strittig. Experten schätzen die Zahl auf 25 000 bis 30 000.

Früher wie heute treibt die Orchideenliebhaber eine gewisse Sammelleidenschaft an. Der Orchideensammler Benedict Roezl (1824-1885) suchte, sammelte, entdeckte und kultivierte Orchideen sein ganzes Leben lang. Viele Arten und Sorten brachte er von Süd- und Mittelamerika nach Europa. 1873 fand Roezl z. B in Brasilien wieder eine neue Orchidee, die ihm zu Ehren Odontoglossum roezlii genannt wurde. In Europa hatte das Orchideenfieber eingesetzt, und die exotischen Pflanzen wurden zu Rekordpreisen versteigert. Der absolute Spitzenpreis wurde 1903 im Auktionshaus Sotheby's in London erzielt. Für eine Odontoglossum crispum wurden umgerechnet 60 000 Goldmark bezahlt. Eine enorme Summe,

Die Oncidie gehört zu meinen Lieblingen.

wenn man bedenkt, dass man zu dieser Zeit für 3 875 Goldmark ein Luxusauto bekam.

Viele Geschichten ranken sich um die Orchideen: Für die alten Griechen galt die Orchidee als Sinnbild der Fruchtbarkeit und wurde auch als Aphrodisiakum genutzt. Bis heute ist wohl die berühmteste Orchidee die Vanille, die bereits um 1100 n. Chr. von den Inkas in Cuzco in Peru genutzt wurde. Als eigentliches Gewürz dient dabei die fermentierte Vanilleschote.

Oncidien sind auch für Anfänger leicht zu kultivieren.

Die Faszination ging für die Sammler allerdings von den tropischen Vertretern mit ihren wunderschönen, farbintensiven Blüten aus. Und natürlich von der besonderen Form der Blüte. Sie ist **spiegel-symmetrisch** aufgebaut, man kann sie in **zwei gleiche Hälften aufteilen**. Der Fruchtknoten befindet sich unterhalb der Blütenteile, er wächst später zur Sammelkapsel aus. Drei innere Kelch- und drei äußere Kronblätter bilden die Blüte. Das mittlere Blatt ist immer besonders stark ausgebildet – dicker, größer und farbintensiver und wird auch als Lippe (Labellum) bezeichnet.

Nach der **Wuchsform** kann man Orchideen in zwei Gruppen mit einigen Übergangsformen einteilen:

- die **sympodial wachsenden** und
- die **monopodial wachsenden** Pflanzen.

Sympodial nennt man mehrsprossige Orchideen, was auf die meisten zutrifft. Jährlich endet das Wachstum für sie mit einer Endknospe und wird seitlich an einer neuen Knospe wieder aufgenommen. Sympodial wachsende Knospen breiten sich nach allen Seiten aus.

Monopodial heißt einsprossiger Wuchs. Bei dieser Gruppe wächst der Hauptspross unbegrenzt. Hier ist das Wachstum natürlich von anderen Kriterien dominiert. Aufgrund bestimmter klimatischer Gegebenheiten kommt es bei den monopodialen Orchideen auch zum Wachstumsstillstand. Allerdings kann das Wachstum auch wieder einsetzen.

Die **Orchideenwurzel** unterscheidet sich von den Wurzeln der meisten anderen Pflanzen. Die Orchideenwurzel ist dicker, weißlich, grau oder gelblich, mal weich, mal drahtig hart. Die Aufgabe der Wurzel gleicht der anderer Pflanzen: Sie muss Wasser und Nährstoffe aufnehmen, die Atmung ermöglichen und die Pflanze verankern. Die Orchideen-

Viele Geschichten ranken sich um die Orchideen: Für die alten Griechen waren sie ein Zeichen der Fruchtbarkeit.

wurzel hat sich dafür nur anders organisiert.

Die meisten Orchideen haben so genannte **Luftwurzeln** entwickelt. Das Wasser, das über die Wurzeln aufgenommen wird, kann nur kurzfristig nach Regenfällen und Tau aufgenommen und muss dann eingelagert werden. Dazu sind die Wurzeln ausgebildet. Außerdem ist die Orchideenwurzel das „Wohnzimmer" von Pilzen (Mykorrhiza), die mit der Orchidee symbiotisch zusammenleben.

Orchideen kennen unterschiedliche Arten **der Vermehrung**: die generative Vermehrung oder die vegetative Vermehrung. Bei der generativen Vermehrung wird die Bestäubung der Blüten überwiegend durch Insekten vorgenommen. Die Orchidee benutzt dazu aber einige Tricks. Die Ragwurz (Ophrys), eine heimische Orchidee, täuscht beim Anlocken des Insekts das paarungsbereite Weibchen vor. Die Täuschung ist so perfekt, dass das Insektenmännchen nach Landung ohne Umschweife kopuliert. Dabei wird der Pollen gelöst, den sie dann beim nächsten „Liebesspiel" an andere Blüten weitergeben. Sobald die Orchidee bestäubt ist, ändert sich ihr Duft, sie stellt keinen Lockstoff mehr her.

Die Phalaenopsis in ihren schillerndsten Farben, die Farbvariationen sind nahezu grenzenlos.

Die vegetative Vermehrung erfolgt über Teilung. Das ist eine ungeschlechtliche Vermehrung, die der Züchter oder Liebhaber sozusagen von Hand vornehmen kann. Beachten Sie dabei aber, dass jeweils drei ausgewachsene Bulben (das ist der verdickte Stengelknoten) an der Pflanze verbleiben sollten, damit sie blühfähig bleibt. Auch die Meristenvermehrung ist eine vegetative Vermehrung. Dabei werden teilungsfähige

Die Maori Neuseelands halten Orchideen für göttliche Pflanzen, nicht von dieser Welt. Schaut man sich ihre Blüten aus unmittelbarer Nähe an, so weiß man, wie sie darauf kamen.

Zellen, in denen die komplette Erbanlage gespeichert ist, auf einen Nährboden gebracht und zu weiterer Zellteilung angeregt. Innerhalb solcher Behälter werden die Zellen geschüttelt, damit sie nicht zu Pflanzen heranwachsen, sondern sich immerfort teilen. So wird eine Zwillingsorchidee nach der nächsten „herangeschüttelt".

Miltonien haben eine lange Blütezeit und vertragen auch das Wohnzimmerklima recht gut.

Tropischen Orchideen steht das ganze Jahr über eine fast **gleichmäßige Lichtmenge** zur Verfügung. Und üblicherweise reicht auch unser heimisches Wohnzimmer aus. Wenn es zu dunkel sein sollte, dann helfen Sie sich doch im Winter mit einer **speziellen Pflanzenlampe**. Bezüglich der Temperatur müssen Sie sich bei Ihrem Gärtner erkundigen. Auf einige Grade Unterschied kommt es nicht an, aber ob die Pflanze das ungeheizte Schlafzimmer oder das warme Wohnzimmer bevorzugt, sollten Sie unbedingt wissen. Düngen Sie Ihre Orchideen nur mit Spezialdünger, in der Wachstumsphase mehr und in der Ruhephase weniger.

Vom **richtigen Gießen** hängt der Kulturerfolg ab. Die wenigsten Pflanzen vertrocknen, 90 Prozent aller Zimmerpflanzen sterben „den Tod durch Ertränken", was wir ja schon in früheren Kapiteln beschrieben haben. Orchideen dürfen grundsätzlich nur gegossen werden, wenn das Substrat wirklich trocken ist. Sie brauchen **weiches Gießwasser**. In Ermangelung von ausreichendem, reinen Regenwasser behelfen

TIPPS

Orchideen sind Epiphyten, also Aufsitzerpflanzen, die im Regenwald auf Bäumen wachsen, daher:

- ✔ Orchideen dürfen nicht in normale Blumenerde gepflanzt werden, sondern müssen in ein Substrat aus Rinde, Moos und Laub!
- ✔ Ist die Blütenrispe einer Phalaenopsis verblüht, schneiden Sie diese oberhalb des zweiten Auges ab, fast immer bildet die Pflanze neue Blüten.

Einkauftipps:

- ✔ Man sollte den Namen der Orchidee kennen bzw. erfragen können, nur dann kann man Details über Pflege, Standort etc. erfahren.
- ✔ Achten Sie auf den Zustand der Blätter. Schlaffe, beschädigte Blätter sowie solche mit kranken Wurzeln sollten Sie auf keinen Fall erwerben, auch nicht, wenn der Preis verlockend ist. Die Startbedingungen für Ihre Wohnzimmer-orchidee sind einfach zu schlecht.
- ✔ Beachten Sie: Nasses, schweres Substrat kann sehr schnell zu irreparablen Schäden führen.
- ✔ Orchideen sollten mit Liebe gepflegt werden, und das erkennen Sie bereits an der Präsentation. Wenn noch nicht einmal die Verpackung abgenommen ist, so kann das rasch zu Pilzbefall führen.
- ✔ Niedrige Temperaturen im Verkaufsraum können zu Hause zum Knospenfall beitragen.
- ✔ Wenn Sie die Pflanze erworben haben: Geben Sie sich Mühe mit dem Abtransport. Orchideen mögen keine Temperaturschwankungen. Wickeln Sie lieber eine Zeitungslage mehr um die Pflanze.

sich viele Orchideenliebhaber mit Wasserenthärter. Wenn Sie das nicht wollen, lassen Sie Ihr Gießwasser wenigstens durch die Kaffeemaschine laufen, oder kaufen Sie destilliertes Wasser. Wenn Sie Ihre Pflanzen nach draußen stellen, sollten Sie sie unbedingt vor zu viel Sonne sowie Dauerregen schützen und immer ein wachsames Auge auf sie haben bezüglich Schädlingsbefall, vor allem Schnecken.

Bonsai

Sie sehen nicht nur aus wie kleine Bäume, es sind auch kleine Bäume: Bonsai, das heißt übersetzt „Topf-Baum“ und bedeutet nichts anderes, als dass eine Pflanze durch eine besondere Behandlung zwar am Wachsen gehindert wird, aber trotzdem im Kleinformat dem großen Bruder Baum wie aus dem Gesicht geschnitten ist. Die jahrhundertealte chinesische Bonsaikunst ist eine **Kunst der Naturnachbildung im Kleinen**.

Bonsais im Handel werden meist in Spezialgärtnereien kultiviert.

Und hier gilt: Je älter so ein Bonsai ist, desto schöner und wertvoller ist er. Oft wird er über Generationen hinweg gestaltet und so zu einem Abbild eines mächtigen, alten Baumes.

Wenn Sie sich einen Bonsai selbst erziehen möchten, brauchen Sie **viel Geduld**, viel Fingerspitzengefühl, und Sie müssen sich Zeit nehmen für Ihre Pflanze. Denn nur ganz langsam erhalten diese kleinen Bäume durch kunstvollen Schnitt und behutsames Formen mit Draht ihre Gestalt. Zwischen **20 und 70 Zentimeter** sind sie meistens nur groß und stehen in flachen, kleinen und extra dafür angefertigten **Bonsaischalen**.

Zimmerbonsais brauchen immer einen sehr **hellen** und in den meisten Fällen auch **warmen Standort**. Die Fensterbank über der Heizung ist da oft ideal. Ganz wichtig ist allerdings auch, dass die Luft nicht zu trocken ist. Sie sollten deshalb unbedingt **Verdunstungsschalen** oder **elektrische Luftbefeuchter** in der Nähe der Pflanzen aufstellen. Ist der Standort doch nicht hell genug, müssen Sie mit einer speziellen Lampe nachhelfen.

Außerdem wollen die kleinen Bäume auch **regelmäßig umgetopft** und mit **Bonsai-Dünger** gefüttert werden. Denn in der kleinen Schale gibt es natürlich nur wenig Erde, die die Pflanze mit Nährstoffen versorgen kann und die verbraucht sich schnell. Auch Trockenheit mag der Bonsai gar nicht, regelmäßig darf man ihm deshalb sogar für einige Minuten ein Tauchbad verpassen. Hartes Leitungswasser sollte vorher abgekocht werden.

Sie merken es sicher schon: Einen oder mehrere Bonsai zu besitzen und vielleicht sogar selbst zu gestalten, das bedeutet etwas Arbeit und viel Aufmerksamkeit. Die Schönheit der Bäume aber wird Sie garantiert dafür entschädigen und Ihrer Wohnung oder Ihrem Haus eine ganz besondere Atmosphäre verleihen.

Für die Gestaltung eines Bonsais gibt es nun feste **Stil-Regeln**: Ein gut geformter Bonsai muss aussehen, als ob er tatsächlich so draußen in der Natur stehen würde. Da finden sich verschiedene, durchaus bizarre Vorbilder nach

Eine Sageretie eignet sich gut als Zimmerbonsai, da sie auch mit hohen Zimmertemperaturen einverstanden ist.

Solch ein Ficus eignet sich besonders gut für Anfänger; er bildet kräftige Stämme und ein dichtes Blattwerk.

der die Minibäume in der japanischen Bonsai-Kunst geformt werden können.

So gibt es unter anderem:

➡ die **„streng aufrechte Form"** – auch „die Majestät" genannt; bei der der Baum mit einem dicken Stamm gerade nach oben wächst und die Äste gleichmäßig nach allen Seiten wachsen;

➡ den **„geneigten Stamm"**, bei dem der untere Teil des Stammes auf der Erde aufliegt und dann erst senkrecht nach oben wächst;

➡ die **„Besenform"**, bei der sich die Äste an einem aufrechten Stamm rundherum verzweigen; erinnert an einen Reisigbesen;

➡ die **„Trauerweide"** ist ein aufrecht wachsender Baum mit tief herabhängenden Zweigen;

➡ bei der **„Halbkaskade"** sind Bäume, die über eine Felsklippe wachsen, das Vorbild; sie wachsen waagerecht über den Schalenrand hinaus;

➡ bei der **„Kaskade"** neigen sich Stamm und Zweige ganz tief nach unten; man muss daher eine hohe Schale verwenden, an der der Baum runter wachsen kann;

➡ bei der **„Wurzelform"** hat der Baum fast keinen Stamm mehr, sondern nur eine Krone, die auf langen, frei stehenden Wurzeln aufsitzt, etwa so wie Bäume in Mangrovenwäldern.

Und dies sind die **wichtigsten Schritte** bei der Gestaltung eines Bonsais:

Zunächst einmal müssen Sie sich für eine Pflanze entscheiden. „Rohpflanze“ sagt der Bonsai-Experte dazu, und schon da hat man die Qual der Wahl, denn es eignen sich viele Pflanzen zur Bonsai-Gestaltung. Für den Anfänger genau richtig sind verschiedene Ficus-Arten, Brautmyrte, Olivenbäumchen, Granatapfel, Lackblattbaum oder Silbereiche. Und dann müssen Sie sich noch für die Stilform entscheiden, in die Sie Ihren Bonsai bringen möchten.

Außerdem benötigen Sie neben Erde, Schale und Pflanze spezielles Werkzeug:
eine große und eine kleine Bonsai-Schere für dünne Äste und Wurzeln, eine Drahtzange, eine Konkavzange für dicke Äste, Bonsai-Draht und eine Pinzette, um feine Triebe auszuzupfen. Dann kann es losgehen mit dem Schneiden und Drahten, den wichtigsten Techniken bei der Bonsai-Gestaltung. Aber lassen Sie sich Zeit, um Ihr Bäumchen immer wieder in Ruhe zu betrachten, denn jetzt legen Sie seine spätere Form unwiderruflich fest. Seien Sie aber auch nicht zaghaft. Lassen Sie wirklich nur die wichtigsten Äste stehen. Üben Sie auf jeden Fall das Drahten erst einmal an abgeschnittenen Zweigen, und gehen Sie ganz behutsam vor! Wählen Sie am Anfang am besten eine Form, die keine große Veränderung braucht, wie etwa die „aufrechte Form“. Näheres zur Gestaltung Ihres Bonsais finden Sie unter ➡ **Tipps**.

Große Schnittwunden, wenn etwa ein dicker Ast gekappt werden muss, sollte man übrigens mit einem speziellen **Wundschutzmittel** verschließen. Das gibt es in jedem Fachhandel zu kaufen.
Auch müssen Sie Ihren Bonsai regelmäßig **umtopfen**, und das machen Sie am besten folgendermaßen: Umgetopft werden muss spätestens, wenn die Wurzeln den Bonsai aus der Schale heben oder wenn der Baum nicht mehr wächst. Die neue Schale sollte proportional gut zum Baum passen.

Zunächst einmal lockern Sie mit einem Wurzelkamm die Erde rund um den Wurzelballen auf und schneiden dann zu lang gewordene Wurzeln maximal ein Drittel kürzer.

links:
Ganze Landschaften werden in Miniaturformat gestaltet.

rechts:
Mit Kupferdraht bringt man die Äste in Form.

Decken Sie die Abflusslöcher der neuen Schale mit einem kleinen Netz oder einem Sieb – z. B. einem Fliegengitter – ab, damit die Löcher nicht verstopfen. Dann können Sie den Bonsai eintopfen. Achten Sie auch darauf, dass der Stamm nicht direkt in der Mitte der neuen Schale sitzt; seitlich versetzt wirkt er harmonischer.

So absurd es sich vielleicht anhört, aber richtig authentisch wie sein großes Vorbild Baum kann ein Bonsai nur werden, wenn man sein Wachstum vollständig kontrolliert und beeinflusst, also immer wieder eingreift. Das Bäumchen soll ja klein bleiben, aber trotzdem kräftig und stämmig mit einer kompakten Krone. Das ist in der Natur so natürlich nicht vorgesehen. Um diese ausgewogenen Proportionen auch im Kleinen zu erhalten, müssen die winzigen Bäume also immer wieder **geschnitten** und

TIPPS

Bonsai schneiden, drahten und gestalten:

- ✔ Die Rohpflanze der gewünschten Wuchsform entsprechend kräftig einkürzen und einen Nebenast zum Gipfeltrieb auswählen; das ist ein starker Zweig, der nach oben zeigt.
- ✔ Alle Äste, die nach vorne wachsen, entfernen.
- ✔ Einen von zwei Ästen, die sich gegenüberstehen, entfernen.
- ✔ Einen von zwei Ästen, die direkt übereinander wachsen, entfernen.
- ✔ Äste, die von einer Stammseite zur anderen wachsen, entfernen.
- ✔ Äste, die nach unten wachsen, entfernen.
- ✔ Gipfeltrieb einkürzen, so dass oberhalb der letzten Verzweigung noch drei bis fünf Blätter stehen und trockene Stümpfe entfernen.
- ✔ Die Äste nun drahten (siehe Abbildung); dafür werden sie locker mit Bonsai-Draht flach umwickelt und ganz vorsichtig entsprechend der gewünschten Stilform ausgerichtet; **Achtung**: keine Blätter mit eindrahten!
- ✔ Die Erde rund um den Wurzelballen entfernen, und die Wurzeln mit der Bonsai-Schere um zwei Drittel einkürzen.
- ✔ Pflanze in die Bonsai-Schale einsetzen; spezielle Bonsai-Erde dazugeben.
- ✔ Drähte sollen nicht einwachsen, sonst hinterlassen sie Narben auf der Rinde; den Draht also rechtzeitig (nach einigen Monaten) wieder ablösen und erneut drahten, wenn die gewünschte Form noch nicht erreicht ist.

auch gedrahtet werden. Wie gesagt, einen Bonsai zu gestalten, braucht seine Zeit und kann sogar zu einer lebenslangen Aufgabe werden. Aber das genau ist ja auch das Schöne am Bonsai: Man kann mit ihm zusammen alt werden und ihn später an die Kinder weitergeben.

Hecken pflanzen

Verschiedenste Gewächse eignen sich für Ihre Hecke.

Sie sind eine grüne Alternative zum Zaun oder zu einer Mauer, halten den Wind ab und auch neugierige Blicke, außerdem bieten sie Lebensraum für Vögel, Insekten und andere Tiere – die Rede ist von Hecken. Allerdings wächst so eine Hecke nicht von heute auf morgen, und sie will – anders als Zaun und Mauer – regelmäßig gepflegt, das heißt geschnitten werden. Dafür bietet sie aber einen wunderschönen, grünen Blickfang und das bei guter Pflege gleich für mehrere Generationen.

Der **Herbst** oder das **frühe Frühjahr** sind die richtigen Zeitpunkte, um eine Hecke zu pflanzen. Das gilt besonders für die wurzelnackte Ware – die preiswerteste Möglichkeit, denn je nach Länge der Hecke braucht man schließlich jede Menge Pflanzen. **Wurzelnackt** pflanzen kann man laubabwerfende Sträucher wie Hainbuche, Weißdorn, Rotbuche, Feldahorn oder Liguster. Koniferen wie Thuja oder Eibe werden dagegen als **Ballenware** verkauft. Im Handel wird zunehmend auch so genannte **Containerware** angeboten. Das sind Pflanzen, die schon im Topf vorgezogen wurden. Sie können ganzjährig gepflanzt werden, sind aber auch etwas teurer.

Damit eine Hecke später mal schön und dicht wächst, muss man schon beim **Einpflanzen** einiges beachten. Zunächst brauchen Sie diese Gerätschaften und Materialien: eine **Pflanzschnur**, weil man sich nicht auf sein Augenmaß verlassen sollte. Einen **Spaten**, weil ein Graben ausgehoben werden muss. **Blumen- oder Komposterde**, weil die Erde, in die die jungen Pflänzchen gesetzt werden, nährstoffreich sein sollte. **Rindenmulch**, weil die Pflanzstelle am Ende abgedeckt werden muss, um die feinen Wurzeln zu schützen. Reichlich **Wasser**, damit die Wurzeln gut Fuß fassen können. Eine **Heckenschere**, denn Sie werden am Ende Mut zum Schnitt brauchen.
Unter ➡ **Tipps** finden Sie Hinweise zum Hecken Pflanzen.

Eine Hecke aus Thuja der Sorte Smaragd gefällt mir gut und wächst ziemlich dicht und gleichmäßig.

Der Pflanzabstand richtet sich nach der Größe der Pflanze und natürlich nach der Sorte und ihrem Wuchsvermögen.
Hier einige der gängigen Pflanzabstände für jene Arten, die bereits vorgezogen im Container verkauft werden:
Lebensbaum/Thuja: auf einen Meter 3 bis 4 Pflanzen, jährlicher Zuwachs:

20 bis 25 Zentimeter, optimale Höhe: zwischen 1,5 und 3 Metern. **Buchsbaum:** auf einen Meter 6 bis 8 Pflanzen, jährlicher Zuwachs: 10 bis 15 Zentimeter, optimale Höhe: zwischen 0,5 und 1,5 Metern.
Rotblättrige Berberitze: auf einen Meter 4 bis 5 Pflanzen, jährlicher Zuwachs: 20 bis 25 Zentimeter, optimale Höhe: zwischen 0,5 und 1 Meter. **Hainbuche:** auf einen Meter 3 bis 4 Pflanzen, jährlicher Zuwachs: 25 bis 35 Zentimeter, optimale Höhe: zwischen 1 und 4 Metern. **Kirschlorbeer:** auf einen Meter 3 bis 4 Pflanzen, jährlicher Zuwachs: 20 bis 25 Zenitmeter, optimale Höhe: zwischen 0,5 und 1,5 Metern. **Eibe:** auf einen Meter 3 bis 4 Pflanzen, jährlicher Zuwachs: 15 bis 20 Zentimeter, optimale Höhe: zwischen 1 und 2 Metern.

Auch in den folgenden Jahren werden Sie Ihrer kleinen Hecke wieder mit der Heckenschere zu Leibe rücken müssen und sie **ausreichend zurückschneiden**. Dies ist die beste Garantie, dass Sie nach wenigen Jahren eine dichte und gut wachsende Hecke haben werden.

TIPPS

Die sieben Schritte beim Hecken Pflanzen:

✔ **Standort:** Als Boden für eine Hecke eignet sich jeder kultivierte Gartenboden, in dem die Pflanzen tiefgründig Wurzeln schlagen können. Damit die Hecke später nicht im Zickzackkurs verläuft, sondern gerade, spannen Sie eine Schnur entlang Ihrer gewünschten Pflanzstelle.

✔ **Pflanzgraben:** Heben Sie entlang der Schnur einen Graben aus, der etwa doppelt so breit ist wie die Wurzelballen der Pflanzen. Bei jungen, wurzelnackten Pflanzen ist dies nur ein schmaler Graben, bei Ballen- oder Containerware ein breiterer. Soll die Hecke dort stehen, wo jetzt noch Rasen ist, entfernen Sie zunächst die Grasnarbe und lagern dann den weiteren Bodenaushub separat auf einer Grabenseite.

✔ **Pflanzabstand:** Stellen Sie die Pflanzen mit einem Zollstock im richtigen Abstand entlang des Grabens auf. Je nach Größe und Art der Heckenpflanze muss ein anderer Pflanzabstand gewählt werden. Und den einzuhalten ist unbedingt erforderlich, denn sonst wächst die Hecke nicht wie gewünscht dicht. Hierzu sollten Sie in jedem Fall vorher Ihren Gärtner befragen.

Es ist wichtig, die Hecke ausreichend zurückzuschneiden.

✔ **Einpflanzen:** Lockern Sie die Erde im Pflanzloch noch einmal gründlich auf, geben Sie Kompost- oder Pflanzenerde dazu. Dann setzen Sie die Pflanzen ein und schaufeln den Aushub dazu. Diese Arbeit geht deutlich einfacher, wenn man sie zu zweit macht, einer hält die Pflanzen in Position und der andere schaufelt die Erde dazu. Anschließend mit dem Fuß die Erde festtreten.

✔ **Wässern:** Um rasch einzuwurzeln, braucht die frisch gepflanzte Hecke jetzt reichlich Wasser.

✔ **Mulchschicht:** Streuen Sie Rindenmulch um die jungen Heckenpflanzen. Das schützt den Boden vor starker Verdunstung und vor unliebsamem Unkraut.

✔ **Pflanzschnitt:** Die Hecke ist zwar noch klein, aber sie muss bei wurzelnackten Pflanzen trotzdem noch radikal zurückgeschnitten werden; mindestens um ein Drittel. Schließlich sollen jetzt erstmal die Wurzeln im Boden richtig Fuß fassen. Nur dann kann die Pflanze die oberirdischen Teile gut versorgen.

Bambus

Sie liegen schon seit Jahren bei uns im Trend und fehlen mittlerweile eigentlich auf keiner Terrasse und in keinem Garten mehr. Und das, obwohl man eins an ihnen überhaupt nicht schätzt; nämlich ihre Blüte. Ganz schnell aber werden sie üppig und groß, sind je nach Art sehr robust, ein idealer Sichtschutz, das ganze Jahr über grün und sorgen für ein asiatisches, fernöstliches Flair. Bambus-Pflanzen, das sind immergrüne Riesengräser aus Fernost. Sie fühlen sich je nach Sorte im Haus als Zimmerpflanze ebenso wohl wie ausgepflanzt im Garten oder im Kübel auf der Terrasse.

Ihre **besonderen Merkmale** sind die außen dick verholzten und innen hohlen Halme, an deren Zweigen die typisch gestielten Blätter sitzen. Ihre Heimat haben diese Pflanzen in China, Korea, Japan, Indonesien und Indien, und es soll mehr als 1 000 verschiedene Arten geben. Schon vor knapp 200 Jahren kamen sie auch nach Europa. Die verschiedenen Arten sind an ihren Halmen zu erkennen. Diese sind ganz unterschiedlich gefärbt, geformt und gemustert; manche sind dick und kurz, andere wieder lang und dünn; die meisten Halme sind rund, es gibt aber auch fast quadratisch geformte Halme.

Ihren Namen haben sie – der Legende nach – aufgrund dieser Geschichte: Philippinische Eingeborene, die einst Marco Polo begleiteten, verbrannten Bambushalme, um wilde Tiere und böse Geister zu vertreiben. Ein geeignetes Mittel, denn weniger das Feuer selbst als die Geräusche, die brennender Bambus macht, hielten die ungebetenen Gäste ab. Beim Verbrennen dehnt sich die Luft in den hohlen Zwischenräumen der Halme so aus, dass es einen ganz lauten Knall gibt, der wie „Bämbuh" klingt. Daher das englische Wort für Bambus: Bamboo.

links: Immergrün und nie blühend, erfreut sich der Bambus auch in unseren Breitengraden großer Beliebtheit.

Der Kontrast vom gelben Trieb zum grünen Laub ist typisch für Phyllostachys auria.

Berühmt und beinahe gefürchtet ist Bambus besonders für die **Schnelligkeit, mit der er wächst**. Ihr besonderes Wuchstempo verdankt die Pflanze nämlich nicht unbedingt ihren Wurzeln, sondern vor allem den Rhizomen. Das sind unterirdische Triebe, die sich schnell weit verzweigen und die Pflanze mit Nährstoffen versorgen.

Man unterscheidet beim Bambus zwei verschiedene Formen.

Die **horstartig wachsenden Sorten**: Sie haben dicke, stämmige und in die Tiefe wurzelnde Rhizome. Bei diesen Sorten gibt es aber nur sehr wenige, die im Winter die deutsche Kälte vertragen können.
Die **ausläufertreibenden Sorten**: Deren Rhizome wachsen horizontal – also in die Breite –, lang und schmal unterhalb der Erde. Das sind die, die sich für den Garten und die Terrasse hierzulande oftmals gut eignen, weil sie winterhart sind. Ehe man sich nun aber ausläufertreibende Sorten in den Garten pflanzt, sollte man sich über ihre enorme Wuchskraft informieren. Sonst hat man bald mehr Bambus im Garten, als eigentlich geplant.

Bei den ausläufertreibenden Arten wachsen die Rhizome waagerecht und sorgen so für eine starke Ausbreitung der Pflanze.

Setzt man den Rhizomen keine Schranken, wird aus einem ausgepflanzten Bambus nach und nach nämlich ein **ganzer Bambuswald**. Deshalb sollten Sie beim Einpflanzen gleich eine so genannte Rhizomsperre mit einbauen, die es im Fachhandel zu kaufen gibt. Sie verhindert, dass die Rhizome sich weitflächig ausbreiten und überall neue Bambusse aus der Erde wachsen. Hinweise zum Bambus Pflanzen finden Sie unter
➡ **Tipps**.

Die vier Arten, die sich für unser Klima besonders gut eignen, sind Phyllostachys aurea, Phyllostachys nigra, Pseudosasa japonica und Fargesia murielae. Der Bambus steht **gerne hell, sonnig und warm** und mag am liebsten einen **windgeschützten Platz**. Die beste Pflanzzeit ist der Frühling, da die Pflanze dann bis zum Winter Zeit hat, richtig einzuwurzeln.

Wenn der Bambus im Kübel auf der Terrasse oder dem Balkon stehen soll, braucht er einen hohen Topf, der drei- bis viermal so breit ist wie der Wurzelballen. Wichtig ist auch eine **Dräinageschicht aus Blähton, Kies oder Sand**, damit das Wasser abfließen kann. Denn Staunässe kann mag der Bambus gar nicht. **Achtung:** Der Bambus mag auch keine Trockenheit. Im Winter muss der Topf warm verpackt werden, z. B. mit einer Schilf- oder Kokosmatte.

Bambus selbst zu vermehren ist übrigens ein Kinderspiel. Kein Wunder eigentlich bei der Wuchskraft. Tragen Sie zunächst den Boden ab und legen die Rhizome der Pflanze frei, die Sie vermehren möchten. Dann schneiden Sie ein 20 Zentimeter langes Teilstück einfach ab. Dieses Rhizomstück legen Sie nun waagerecht etwa 15 Zentimeter tief in den Boden oder in einen Kübel. Mit Blumenerde auffüllen, gut festdrücken und dann kräftig angießen. Viel Geduld werden Sie jetzt gar nicht brauchen, schon bald wird der erste Trieb aus der Erde hervorgucken.

Bambus gehört zu den am schnellsten wachsenden Pflanzen der Welt, rasch wachsen Ihnen da Ihre Pflanzen über den Kopf!

Bambus muss allerdings nicht immer riesig sein. Es gibt auch viele **kleinwüchsige Arten**, die sich besonders für Vorgärten oder sogar als Bodendecker eignen. Das sind beispielsweise die verschiedenen Pleioblastus-Arten. Sie wachsen vor allem in die Breite und können schnell ein ganzes Beet bedecken. Und sie werden nur knapp 40 bis 60 Zentimeter hoch. Besonders schön wirken diese Bambusarten, wenn man sie unter einem Baum in einem Vorgarten pflanzt oder auch vor eine Gruppe von großen Bambuspflanzen im Garten.

Schon nach wenigen Jahren können die Bambustriebe auch in unseren Breitengraden bis zu 8 cm dick werden.

Bambus ist natürlich auch als **Zimmerpflanze** eine Augenweide. Dafür eignen sich allerdings nicht alle Sorten. Fragen Sie am besten vor dem Kauf einen Gärtner. Ganz wichtig aber ist, dass der Bambus im Zimmer nie trocken werden darf – gießen also nicht vergessen! Denn sonst wirft er schnell alle seine Blätter aber und braucht Wochen, bis er wieder grün wird.

Über die **Bambusblüte** wird weltweit viel geforscht und auch immer noch gerätselt. Was sonst ein Grund zur Freude ist, kündigt bei vielen Bambusarten ihr Ende an – die Blüte. Sie ist erstens nicht besonders attraktiv und kostet die Pflanze zweitens so viel Kraft, dass sie oft gänzlich abstirbt. Das ist aber kein Grund, auf Bambus zu verzichten: Denn die Blüte ist auch ein ganz, ganz seltenes Ereignis, das oft Jahrzehnte auf sich warten lässt.

Mein Tipp: Lassen Sie sich vor dem Kauf von Bambuspflanzen – besonders, wenn es gleich mehrere im Garten sein sollen – im-

TIPPS

Bambus pflanzen mit Rhizomsperre:

- ✔ Pflanzloch 20 cm tiefer und breiter ausheben, als der Bambusballen groß ist,
- ✔ Aushub mit Kompost oder Torf und Dünger vermischen,
- ✔ Pflanze so einsetzen, dass die Oberfläche des Ballens ebenerdig mit dem Boden abschließt,
- ✔ Erde einfüllen, andrücken,
- ✔ kräftig gießen,
- ✔ Pflanzstelle mit Mulch bedecken,
- ✔ einen etwa 70 cm tiefen Graben rund um den Bambus ausheben und Rhizomsperre einfach hineinstellen; das ist eine nicht verrottbare Gummimatte oder ein spezielles Gewebe, durch das die Triebe nicht hindurch wachsen können,
- ✔ Graben mit Erde wieder auffüllen.

mer von einem Gärtner beraten. Und: Wenn Sie einen Sichtschutz im Garten mit vielen Bambuspflanzen anlegen wollen, mischen Sie doch ruhig verschiedene Arten und Sorten. Da kann man dann ganz sicher sein, dass einem die Blüte nicht den Spaß am Bambus verderben wird.

Interessant und rätselhaft ist nämlich das Phänomen, dass alle Bambus-Pflanzen einer Art überall auf der Welt ungefähr zur selben Zeit blühen – völlig unabhängig davon wie alt und wie groß sie sind, in welchem Klima oder in welchem Boden sie stehen. Das Blühen wird offenbar durch eine innere Uhr ausgelöst, die im Erbgut der Pflanze verankert ist. Erklären lässt sich das zum Teil dadurch, dass Bambusse eben meist durch Teilung und nicht durch Aussaat vermehrt werden, und damit das gleiche Erbmaterial besitzen.
Aber, wie gesagt, lassen Sie sich dadurch nicht abschrecken. Die besondere Atmosphäre, die Ihnen der pflegeleichte und üppige Bambus im Garten oder auch im Kübel auf der Terrasse schafft, ist unvergleichlich. In der asiatischen Gestaltungsphilosophie – Feng Shui – steht der Bambus immerhin für Reichtum und Wohlstand –, und wer wünscht sich das nicht!

Bachem-Archiv, S. 70

Bayer CropScience Deutschland GmbH, Langenfeld, S. 56, 57

Bioplant Naturverfahren GmbH, Konstanz, S. 50, 90, 92, 93, 102, 105 M., 106, 107, 127, Umschlag innen, vorne

Bruno Nebelung GmbH & Co., Everswinkel, S. 20, 21, 22, 23, 62, 63, 64

CMA-Fotoservice, Bad Godesberg, S. 24, 25, 27, 49, 52, 86, 88, 98, 99, 100

David Austin® Roses, Wolverhampton, GB, S. 38, 40, 41, 42, 43, 44

Eschbach, Neunkirchen, S. 46, 48

Fritz Schnell, Köln, S. 13, 17, 26, 29, 32, 39, 45, 47, 51, 63, 76, 78, 79, 80, 81, 82, 85, 87, 91, 94, 95, 96, 97, 101, 103, 104, 105, 106, 119, 120, 121, 122, 123, 124

Gardena AG, Ulm, S. 58, 59, 61

Barbara Meisner, S. 96

Jürgen Morich, Lohmar, S. 71, 72

Kientzler Gmbh & Co KG, Gensingen, S. 16, 18, 19, 34, 35, 36

Heinrich Knüttgen, Köln, S. 74, 75

Mediflora Lehrhuber GmbH, Geisenhausen, S. 12, 14

Rüdiger Ramme, Lohmar, S. 8, 9, 10, 15, 37, 60, 66, 68, 84, 108, 110, 111, 112, 114, 115, 118

Scotts Celaflor GmbH & Co. KG, Ingelheim am Rhein, S. 54

W. Neudorff GmbH KG, Emmerthal, S. 28, 30, 32